AI 학술 커스터마이징

인공지능총서

인공지능 시대입니다. 기계가 인간의 인지를 대신하고, 사물이 인간을 통하지 않고 다른 사물과 직접 커뮤니케이션합니다. 이에 따른 인간 삶과 문명 변화를 정확히 이해·예측·대응하는 것은 이 시대 우리 모두의 과제입니다. 인공지능총서는 인공지능 기술과 환경의 여러 주제를 10가지 키워드로 정리합니다. 관련 개념과 이론, 학계와 산업계의 쟁점, 우리 일상의 변화를 다룹니다. 인간과 기술의 현재, 미래를 세심히 분석합니다.

일러두기

- 인명, 작품명, 저서명, 개념어 등은 한글과 함께 괄호 안에 해당 국가의 원어를 병기했습니다.
- 외래어 표기는 현행 어문규정의 외래어표기법을 따랐습니다.

처음이세요?

전문가세요?

AI 학술 커스터마이징

이채현

대한민국, 서울, 커뮤니케이션북스, 2025

AI 학술 커스터마이징

지은이 이채현
펴낸이 박영률

초판 1쇄 펴낸날 2025년 8월 4일

커뮤니케이션북스(주)
출판 등록 2007년 8월 17일 제313-2007-000166호
02880 서울시 성북구 성북로 5-11
전화(02) 7474 001, 팩스(02) 736 5047
commbooks@commbooks.com
www.commbooks.com

ISBN 979-11-430-0643-1 03500

책값은 뒤표지에 표시되어 있습니다.

차례

AI와 학술 연구의 만남

학술 연구의 시작은 언제나 여러 고민과 아이디어에서 출발한다. 여기서 많은 연구자는 주제 선정에 막막함을 느끼며 긴 시간 방황을 하곤 한다. 또한, 학술 논문을 작성하는 과정에서 느끼는 어려움과 게재 승인까지의 고비 고비의 어려움들이 늘 도사리고 있다. 이 책은 바로 그러한 여러 고민을 해결하기 위해 집필되었다. 어떤 AI 도구들이 있는지, 어떻게 AI를 활용할 것인지를 살펴볼 필요가 있다. 특히 AI의 등장으로 인해 데이터 분석, 선행연구 조사, 결과 시각화뿐만 아니라 문법 교정, 요약 정리, 참고문헌 정리, 번역, 이미지 자동화 생성 등 연구 전 과정이 더 효율적이고 창의적으로 수행될 수 있는 가능성이 열리고 있다. 과거 연구를 진행하는 과정에서는 수작업으로 수일 이상 걸렸던 문헌 탐색이나 핵심 내용 요약, 실험 설계 초안 작성이 AI 도구의 지원을 통해 단시간에 이루어질 수 있게 된 것이다.

책의 구성

이 책은 학술 논문을 작성하면서 여러 AI 도구를 활용해 시간적, 문법적, 선행 연구 정리 등에 걸리는 시간을 최소화하거나 좀 더 명확한 연구적 표현 방법에 참고할 만한 아이디어를 얻을 수 있으며, 학술 논문 작성 과정에서 유용하게 활용되는 AI 도구와 연구자의 신중한 선택에 필요한 부분에 대해서 총 10가지 주제를 구성해 내용을 담았다.

1장에서는 AI가 학술 연구의 초기 기획 단계에서 키워드 탐색, 연구 동향 분석, 아이디어 확장을 통해 강력한 도구로 활용될 수 있음을 담았다. 진정한 학술적 가치는 주제 설계, 연구 질문 설정, 데이터 선정, 윤리 고려 등 연구자 중심의 기획력에서 출발해야 하며, AI는 이를 보조하는 수단일 때 의미가 있다. 본 장에서는 연구자의 기획 능력 강화, AI를 통한 트렌드 분석의 활용, 적절한 연구 질문 설계의 중요성을 다룬다. AI는 최신 연구 흐름을 제시할 수 있지만, 연구의 방향성과 학술적 깊이를 결정짓는 핵심은 결국 연구자의 사고와 기획에 달려 있다.

2장에서는 학술 논문 작성을 위한 출발점으로, AI 도구를 잘 활용하면 핵심 정보를 빠르게 요약하고 구조화할 수 있다는 내용을 담았다. ChatGPT, R.discovery,

Sharly.AI 등은 참고문헌 정리에 유용하며, Wordtune, Grammarly, Quillbot 등은 문장 표현과 문법 교정에 걸리는 시간을 절약해 준다.

3장에서는 학술적 글쓰기의 방향을 잡을 때 AI 기술을 활용하면 방대한 자료 속에서 핵심 논점을 빠르게 추출하고 논리적으로 배열하는 데 유용함과 연구자 판단의 중요성에 대해 담았다. 학술 논문은 특히나 선행 연구를 바탕으로 연구자가 주장하고자 하는 부분들을 반영하고, 다수의 선행 연구 검토를 통해 가장 적합한 내용들을 참고하고 선별해 전체적인 연구적 스토리의 문맥이 맞도록 작성해야 하기 때문에 연구자 입장에서는 많은 시간을 할애할 수밖에 없다.

4장에서는 AI는 학술 연구에서 핵심 요소를 효율적이고 정확하게 추출하는 데 유용한 도구이지만, 연구자의 프롬프트 설계 능력과 환각 현상을 줄이기 위한 전략을 필수적인 요인으로 인식해야 한다는 것을 담았다. 연구자는 명확하고 구조화된 프롬프트를 통해 정보를 요청하고, RAG 방식과 휴먼인더루프 체계를 활용해 오류를 줄여야 한다. 무엇보다 AI를 신뢰 가능한 파트너로 활용하려면 비판적 사고와 연구 윤리를 기반으로 접근해야 한다.

5장에서는 AI가 학술 논문 작성에서 문법 교정과 참고문헌 관리의 마술사처럼 작용할 수 있다는 것을 담았다. 문법 오류를 줄이고 인용 형식을 자동화해 연구자의 가독성을 높이며, 인용 누락이나 오류 가능성을 줄여 준다. Grammarly, Paperpal 등의 도구는 문체를 학술적으로 다듬는 데 효과적이며, EndNote, Zotero 등은 인용 일관성을 확보하는 데 유용하다. 그러나 이러한 AI 도구에 전적으로 의존하기보다, 연구자는 학회 양식에 맞춘 문법 구성과 인용의 정확성과 당연한 이치겠지만, 연구의 전체 흐름은 연구자가 직접 점검해야 한다.

6장은 학술 연구에서 데이터 분석에 대해 담았다. 이는 연구의 핵심을 해석하고 가설을 입증하는 결정적 단계라 할 수 있다. 주제에 적합한 데이터를 확보하고, 분석 목적에 맞는 도구와 방법을 전략적으로 선택하는 것이 필수적이다. 공공 데이터, 설문조사, 웹 크롤링, 실험 데이터 등 다양한 출처의 데이터를 활용할 수 있으며, 전통적인 SPSS, SmartPLS뿐만 아니라 최근에는 AI 기반 통합 분석 도구도 함께 활용되고 있다. 분석 도구의 선택과 활용 전략은 연구의 신뢰성과 완성도를 좌우하므로, AI는 단순 보조가 아닌 데이터 통찰력을 높이는 핵심 파트너가 될 수 있다.

7장에서는 AI 시대의 학술 논문 작성과 번역에서 문법적 정확성과 표현의 정밀성이 매우 중요함을 담았다. 특히 영어 학술 논문은 사소한 문법 오류로도 게재가 거절될 수 있으며, AI는 초안 작성과 번역을 도와 생산성을 높여 주지만 완벽하지는 않다. 따라서 연구자는 AI가 생성한 결과물을 반드시 검토하고, 논리적 일관성과 용어의 정확성을 스스로 점검해야 한다. AI는 유용한 조력자일 뿐, 연구의 신뢰성과 완성도에 대한 최종 책임은 언제나 연구자에게 있음을 인식해야 한다.

8장에서는 학술대회 발표에서 PPT가 연구의 핵심 내용을 논리적으로 전달하고 청중을 설득하는 데 중요한 역할을 할 수 있음을 담았다. 학술 논문 발표 준비에도 이러한 전략이 필요하다. 오레오(O-R-E-O) 공식과 같은 구조화된 메시지 전달 방식, 시각적 자료의 효과적 구성, 간결한 텍스트와 차트 · 표 등의 요소가 필수적이라 할 수 있다. AI 도구를 활용하면 슬라이드 제목과 핵심 메시지를 빠르게 도출할 수 있으며, 시각적으로 정제된 발표자료를 제작하는 데 큰 도움이 된다. 발표자는 AI의 도움을 받되, 자신의 연구 주제와 메시지를 중심으로 발표 구조를 능동적으로 설계해야 한다.

9장에서는 AI 기술의 발전으로 학술 논문 작성과 심사 평가에 다양한 도구들이 활용되고 있음을 담았다. 연구자는 AI를 활용해 논문의 구조와 논리성을 점검할 수 있으며, 평가자는 AI 도구를 통해 심사의 효율성과 윤리적 판단력을 높일 수 있다. 그러나 학술 논문은 여전히 학회의 평가 기준을 충족해야만 게재되며, AI는 협업을 위한 도구일 뿐 최종 판단은 연구자에게 달려 있다. 연구자는 프롬프트 설계와 비판적 사고를 통해 AI를 유의미하게 활용해야 하며, 평가자 역시 AI의 보조를 받되 전문성과 책임성을 견지해야 한다.

마지막으로 10장에서는 AI 기술의 발전이 논문 작성 방식에 큰 변화를 가져왔지만, 동시에 학술 윤리에 대한 책임도 더욱 중요해지고 있음에 대해 담았다. 연구자는 AI를 보조 도구로 활용할 수 있으나, 창의성, 진정성, 정확성, 출처 명시 등 기본적인 학문 윤리를 철저히 준수해야 한다. 특히 AI의 원리와 한계를 이해하고, 투명하게 사용하는 자세는 연구의 신뢰도를 좌우하는 핵심 요소다. AI 시대의 학술 연구는 기술 활용 능력과 윤리적 균형 감각을 동시에 요구하고 있다.

학술의 미래

이 책은 단순히 AI를 소개하거나 학술 작업에 유용한 도구들을 나열하는 데 그치지 않는다. 이제 학술 연구는 연구자의 직관과 창의력에만 의존하지 않는다. AI라는 강력한 조력자를 통해 무한한 정보와 패턴, 그리고 사고의 확장 가능성을 실현할 수 있는 시대가 열렸다.

우리는 지금까지 학술 논문을 작성하기 위해 아이디어를 고르고, 선행 연구를 탐색하고, 분석 도구를 배우며, 논리적 흐름과 문법적 정확성을 검토하는 데 수많은 시간과 노력을 들여 왔다. 그러나 이제는 AI와 협업하는 방식 자체가 연구의 생산성과 전략성을 전환시키는 계기가 될 수 있다. 연구자는 이 책을 통해 단편적 지식 습득이나 도구 사용법을 넘어, AI와 함께 생각하고 설계하며 실행하는 총체적 연구의 과정을 인지해야만 한다.

AI는 현 상황이나 문제 그 자체로 창의적 사고를 생성해 주지 않는다. 하지만 연구자의 질문과 사고 구조에 따라 전혀 예상하지 못한 관점, 새로운 연구 아이디어, 시의적절한 학술적 쟁점을 제안해 줄 수 있다. 이 책의 각 장에서는 바로 이러한 AI의 역할과 연구자의 창의성 사이에서 상호작용의 중요성을 보여 준다.

특히 중요한 것은, AI는 아이디어 생성의 대체물이 아니라 공동 사고 파트너가 되어야 한다는 점이다. 단순히 아이디어를 생성해 주는 자동화 도구로 AI를 바라보는 관점에서 벗어나야 한다. 연구자 스스로가 AI에게 어떤 질문을 던질지, 어떤 구조로 사고를 확장할지에 대한 프롬프트 설계 능력을 갖출 때, 비로소 AI는 의미 있는 연구 창출의 협력자가 된다.

또한, 학술 논문 작성 과정 중 AI 도구의 활용 측면에서 다음과 같이 긍정적 내용을 얻을 수 있을 거라 판단한다. 첫째, 전에 떠오르지 않았던 연구 주제를 발견할 수 있는 사고의 확장이다. 연구자는 AI가 제공하는 다양한 관점과 데이터를 기반으로 자신이 미처 생각하지 못했던 학술적 공백과 논쟁 지점을 발견할 수 있다. 둘째, 산발적으로 떠오르는 아이디어를 조직화하고 이를 연구 설계로 연결하는 감각을 학습하게 된다. 이 책은 이를 위해 구체적인 AI 도구 종류, 프롬프트 구성 전략, 논리 구조화 방법 등을 통합적으로 제시하고 있다. 셋째, AI를 단순한 도구로 보는 시각을 넘어서 '사고의 파트너'로 인식하는 전환점을 연구자에게 제공하고자 한다. 연구의 핵심은 여전히 연구자에게 있지만, 그 핵심을 정교하게 전략적으로 확장하는 도구로서 AI를 어떻게 활용할 것인지가 오늘날의 경쟁력이라 할 수 있다.

이 책의 마지막 장을 덮는 순간, 독자는 더 이상 AI를 낯선 기술로 느끼지 않을 것이다. 오히려 자신의 연구 여정 속에 함께 생각하는 동반자로 받아들이게 될 것이다. 또한 AI가 독자의 연구 여정에 새로운 시각과 전략적 사고의 도구가 되기를 바란다. AI는 연구자를 대신하지 않지만, 연구자의 확장된 사고를 구현해 줄 수 있는 유일한 동반자가 될 수 있다. 또한 바로 그 가능성의 문을 여는 첫걸음이 될 것이다.

참고문헌

김진중(2024). 《최고의 프롬프트 엔지니어링 강의》. 리코멘드.
서승환(2023). 《프롬프트 엔지니어링 교과서》. 애드앤미디어.
양기철(2018). 《인공지능 이론 및 실제》. 홍릉과학출판사.

01
AI, 학술 브레인스토밍 과정의 아이디어 생성기

AI는 키워드 탐색과 연구 트렌드 분석, 아이디어 확장을 통해 학술 연구의 초기 기획 단계에서 강력한 도구로 활용될 수 있다. 그러나 진정한 학술적 가치는 연구자가 주제, 질문, 데이터, 윤리를 스스로 설계하는 데서 출발해야 하며, AI는 이를 보조하는 수단으로 사용될 때 의미가 있다. '연구자의 기획력', '트렌드 분석을 통한 확장', '질문 설계의 중요성'을 중심으로 내용을 담았다.

AI와 1인 창업?

연구의 기준은 연구자의 기획력

급속도로 AI 기술이 발전하면서 학문 분야에도 AI 기술이 스며들고 있다. 이러한 AI 기술이 학문 분야에서도 앞으로 큰 역할을 할 수 있을 것이다. 하지만 AI 기술을 앞세워 연구를 시작하려고 하기보단, 먼저 '연구자가 언제, 어디서, 무엇을, 어떻게, 왜'라는 육하원칙으로 연구자가 전체 연구를 기획해야 한다. 기획한 연구의 주제를 바탕으로 어느 부분을 어떻게, 무엇을 AI의 도움을 받아 더 의미 있고 더욱 가치 있는 학술적 시사점을 제공할 것인지 고민할 필요가 있다. 이러기 위해서는 먼저, 학술이 무엇인지 이해할 필요성이 있다. 학술이란 학문의 이론과 방법을 탐구하여 지식을 생산 · 발전시키고, 그 생산 · 발전된 지식을 발표하며 전달하는 학문의 모든 분야 및 과정을 말한다(학술진흥법, 2013).

학문은 무엇이든 의심하고 검토해 보려는 태도에서부터 시작하며 우리 주변의 사회현상 또는 자연현상에서 이미 존재하고 있으나 알려지지 않은 어떠한 현상이나 변인들의 숨겨진 질서와 규칙성을 다시금 찾는 작업이라 할 수 있다(고성환 · 이상진, 2013). 학술적 연구는 이러한 부분들이 바탕이 되어 연구의 흐름을 체계적, 논리적, 구체적으로 연구자의 의견을 피력하는 것이 중요하다. 그러기 위해서는 학술 연구의 형식을 이해해야 한다.

학술 논문의 기준은 연구 주제의 중요성을 담고 있어야 하는데 이론과 실무, 교육적 기여도를 포함해야 하며 연구 내용의 적절성, 창의성, 연구의 의사 전달 효과, 기타 편집 기술상의 요건에 부합하는지 등을 고려해야 한다(한국경영학회, 2025). 이러한 기준들은 학회의 홈페이지에서 심사 규정, 투고 규정, 원고 작성 지침, 윤리 규정 및 연구 윤리 등을 참고할 수 있다. 이러한 기준들은 등급이나 점수로 학회마다 다르게 판정한다.

모든 학술 연구는 학회마다 다른 기준이 있음을 인지하고 연구자가 연구하고자 하는 주제를 바탕으로 학회의 심사 기준도 포함해서 학술 연구에서 꼭 넣어야 하는 기준을 참고해 기획을 시작해야 한다. 그리고 연구 과정에서는 어떠한 AI를 어떻게 적재적소에 활용하느냐에 따라 학술의 시사점을 부각하고 더욱 가치 있는 연구가 되게 할 수도 있고 게재 여부의 판가름에 중요한 역할을 할 수도 있을 것이다. 또한 학술 논문은 독창적 연구 주제도 중요하지만, 학회 기준을 반영한 연구 기획력도 포함하는 것 역시 중요한 부분이라 할 수 있다. 선정한 학회의 최근 선행 연구를 참고해 작성하는 것도 좋을 것이다.

AI가 찾아 주는 최신 연구 트렌드

학술 연구는 연구자가 살고 있는 현재를 중심으로 과거의 흐름을 반영하고 미래를 조망하는 방식으로 시대 변화에 맞게 전개되어야 한다. 이미 충분히 연구된 주제나 막연한 아이디어만으로 진행되는 연구는 학술적 기여도가 낮을 수 있으며, 그 게재 의미 또한 재고해 볼 필요가 있다. 이런 문제의식 속에서 AI 도구의 활용 여부는 연구의 질을 좌우하는 핵심 요소로 부상하고 있다. AI 도구를 활용할 줄 아는 연구자와 그렇지 못한 연구자 간에는 정보 수집, 분석, 연구 확장 면에서도 명확한 차이가 발생할 수 있다.

AI 도구는 학술 연구의 다양한 단계에서 활용 가능하며, 기술 발전 속도는 매우 빠르다. 매일같이 새로운 도구가 등장하거나 사라지며, 기능도 지속적으로 업데이트되고 있다. 이로 인해 연구자는 어떤 도구를 선택할지 고민하게 되며, 자칫 자신이 사용하는 한두 가지 도구만으로 전체를 이해했다고 착각할 수도 있다. 따라서 특정 도구만 고집하기보다는 열린 마음으로 다양한 AI 도구를 접해 보는 태도가 필요하다. 동일한 질문을 여러 도구에 적용해 결과의 답변을 비교해 보면서, 브레인스토밍과 같은 각기 다른 관점의 답변을 통해서 더 입체적인 사고가 가능해진다.

최신 연구 트렌드를 파악하는 방법도 AI 도구와 연계될 수 있다. 한국연구정보서비스(RISS), ScienceON, 국회도서관, KOCW(Korea Open CourseWare) 등과 같은 학술정보 사이트에서 최신 논문의 제목을 탐색하거나, OECD, FORTUNE 등의 산업 · 기술 관련 보고서를 참고해도 연구 방향성을 잡는 데 도움이 된다. 이런 자료를 AI 도구와 함께 분석하면 연구의 확장성이 더욱 커진다.

AI 도구는 연구 주제 설정, 문헌 탐색, 아이디어 확장 등 전 과정에서 창의적이고 실질적인 도움을 줄 수 있다. 예를 들어, Mapify, Whimsical 등은 키워드 기반 마인드맵을 자동 생성해 주고 시각화하고 연구주제를 보다 확장하여 고민해 볼 수 있는 용어들을 도출하는 데 유용하며 ChatGPT, Perplexity, Claude, Gemini 등은 심화된 학술 질문에 대한 답을 도출하고, SCISPACE, Consensus, CORE 등은 관련 논문 검색에 효과적이다. 다양한 도구를 적절히 조합해 활용한다면 더 정확하고 창의적인 결과를 도출할 수 있으며, 빠르게 변화하는 시대에 유연하게 대응할 수 있을 것이다.

연구 주제, 질문을 통해 아이디어 얻기

AI의 발전은 학술 연구의 초기 단계인 아이디어 생성과 주제 기획에도 큰 변화를 가져오고 있다. 특히 연구자는 다양한 AI 도구를 활용해 연구 주제를 구성하고, 질문을 정교화하며, 연구 방향을 설계하는 데서 과거보다 더 빠르고 폭넓은 사고의 확장이 가능해졌다. 하지만 AI와의 브레인스토밍을 통해 얻은 아이디어를 실제 연구에 적용하기 위해서는 신중한 검토와 체계적인 접근이 필요하다.

AI를 활용한 브레인스토밍은 단어, 문장, 시나리오 형태로 연구 아이디어를 제공해 주며, 이를 토대로 연구자는 자신의 주제에 맞는 가능성과 한계를 판단해야 한다. 먼저 연구자는 연구를 시작하기 전 '무엇을 연구할 것인가'라는 기획 단계를 거쳐야 하며, 이 과정에서 AI와 상호작용하며 다양한 방향의 아이디어를 탐색할 수 있다. 그러나 이러한 아이디어가 학술 연구로 발전하기 위해서는 AI에게 던지는 질문 설계가 매우 중요하다.

좋은 연구 질문은 첫째, 명확성이 있어야 한다. 질문이 모호하면 AI도 불명확한 답변을 내놓게 되며, 이는 연구의 방향을 흐릴 수 있다. 둘째, 측정 가능성이 필요하다. AI가 제시한 아이디어가 데이터로 검증 가능해야 하고, 그 기반이 되는 자료 출처의 신뢰성도 확인해야 한다. 셋째, 구체성이 있어야 한다. 연구 질문은 특정 변수와 개념이 포함된 좁고 깊은 형태여야 한다. 넷째, 본 연구와 직접적 관련성이 있어야 하며, 다섯째, 실제로 조사 가능하고 실현 가능한지 고려해야 한다.

AI가 제공하는 아이디어가 단순한 '영감'에 그치지 않고 실질적인 연구 수행으로 이어지기 위해서는, 수집 가능한 데이터 유형, 분석 방법, 인용 구조 등 연구 적용 측면까지 함께 고려되어야 한다. 이 과정에서 AI는 시간을 단축시키는 도구로서 강력한 역할을 하며, 연구자의 사고 폭을 넓히는 데에도 유용하다. 그러나 동시에, AI 사용에는 윤리적 문제, 예컨대 출처의 불명확성, 창작권, 데이터 편향 등도 존재한다는 점을 명심해야 한다.

AI는 학술 연구의 브레인스토밍 도구로서 매우 유용하지만, 그것이 곧바로 유효한 연구 주제로 이어지는 것은 아니다. 연구자는 AI로부터 얻은 아이디어를 비판적으로 해석하고, 실제 연구에 적용 가능한지를 검토하고, 명확하고 측정 가능한 자료 등을 보다 구체적인 질문으로 정제해야 한다. 또한 AI 활용의 편리함 뒤에 숨겨진 윤리적 쟁점들을 인식하고, 책임 있는 연구자의 태도를 유지해야 한다.

참고문헌

고성환·이상진(2013). 《글쓰기》. 한국방송통신대학교출판부.

학술진흥법. 제2조 1항.
https://www.law.go.kr/LSW/lsInfoP.do?lsId=000857&ancYnChk=0#0000

한국경영학회(2025.5.7). 한국경영학회 편집 및 투고규정,
https://kasba.or.kr/homepage/custom/editsubmit_2

ChatGPT. https://chat.openai.com/

Consensus. https://consensus.app/

CORE. https://core.ac.uk/

Mapify. https://mapify.so/ko

Perplexity. https://www.perplexity.ai/

Whimsical. https://whimsical.com/ai

02
AI, 선행 연구 정리의 시간 절약 도구

학술 논문 작성의 출발점인 선행 연구 정리는 AI 도구를 활용해 핵심 정보를 빠르게 요약하고 구조화할 수 있다. ChatGPT, R.discovery, Sharly.AI 등은 요약에, PrepPaper, Ref3 등은 참고문헌 정리에 유용하다. Wordtune, Grammarly, Quillbot 등은 문장 표현과 문법 교정에 걸리는 시간을 절약해 준다. 단, AI 도구는 보조 수단일 뿐, 연구자는 반드시 정리 기준 설정과 최종 검토를 통해 논문의 학술적 완성도를 스스로 책임져야 한다.

AI와 MBTI?

학술의 시작, 선행 연구의 중요 포인트 파악

학술 논문을 시작하는 초기 단계에서 연구자들은 연구 주제를 어떻게 발굴할지, 어떤 선행 연구를 참고해야 할지에 대한 막연함을 느끼기 쉽다. 특히 자신이 관심을 두는 분야가 현재 어떤 흐름으로 변화하고 있는지, 그리고 어느 부분을 이어서 연구할 수 있는지 판단하는 일은 생각보다 쉽지 않다. 이때 학술의 시작은 선행 연구를 살펴보거나 트렌드를 분석하여 실마리를 찾는 것이다.

과거나 현재나 선행 연구를 정리하면서 연구 주제의 방향성을 좁혀 가는 것은 아주 중요하다. 연구자들은 각자의 방식에 따라 논문 파일을 폴더에 저장하는데 연도별, 학술지별, 주제별, 제목별, 중요도별로 각각 구분해 수작업으로 관리하곤 했다. 이 과정에서 논문의 초록, 연구 결과, 향후 연구 제안 등을 직접 검토하며 연구의 필요성과 확장 가능성을 탐색하여 한 땀 한 땀 중요한 포인트를 파악하는 데 많은 시간을 할애해 왔다. 하지만 최근에는 AI 기술의 발전으로 인해 선행 연구 정리 방식이 사용자가 빠르고 편리하고 쉽게 정리할 수 있는 방법으로 변화하고 있다.

이제는 연구자가 명확한 기준을 세우기만 하면, AI는 수많은 논문 중에서 필요한 핵심 정보만 선별해 간결하고 구조화된 형태로 요약해 준다. 예를 들어 ChatGPT나 Perplexity, Consensus와 같은 AI 도구에 초록, 목적, 방법, 결과, 시사점만 추출해 달라고 요청하면 수 초 안에 핵심 요약본을 제공받을 수 있다. 또는 유사한 주제의 논문 2~3편을 비교해 달라고 하거나, 특정 항목(예: 연구 방법과 결론)만 추출해 표 형식으로 정리해 달라고 요청할 수도 있다. 이러한 정리 방식은 기존 수작업보다 훨씬 시간을 절약할 수 있을 뿐 아니라, AI가 논리적으로 정보를 구조화해 제공하기 때문에 분석의 정확성과 일관성도 높아진다. 그러나 여기서 중요한 점은 AI가 자동으로 정리해 주는 기능에만 의존해서는 안 된다는 것이다. 오히려 AI를 효과적으로 활용하기 위해서는 연구자가 먼저 선행 연구 정리를 위한 명확한 기준을 설정해야 한다.

연구자가 설정할 수 있는 정리 기준 예시는 다음과 같다. 첫째, 논문 전체를 서론-본론-결론 형식으로 요약 요청하는 방식이다. 둘째, 연구 목적, 필요성, 차별성, 시사점, 한계 중심의 구조화된 요약 방식이다. 셋째, 동일하거나 유사한 주제의 논문 2~3편을 비교 분석하는 방식이다. 넷째, 연구자가 지정한 항목을 표 형식으로 요약 요청하는 방식이다. 다섯째, 선행 연구의 핵심 포인트가 무엇인지 AI에게 먼저 질문한 뒤 역방향으로 정리

요청하는 방식 등이다.

AI를 활용한 선행 연구 정리는 단순히 요약을 빠르게 해 주는 기술적 기능이 아니다. 그것은 연구자가 미리 설정한 목적과 기준에 따라 논문 자료를 전략적으로 정리하고 분석하는 과정이며, 이는 곧 연구 설계의 질과 방향성을 좌우하는 핵심 작업이기도 하다. AI가 아무리 고도화되었더라도, 무엇을 어떻게 요약할지, 어떤 방식으로 정리할지 결정하는 것은 연구자의 몫이다. 정리 기준 없이 AI 도구를 무작정 활용한다면 정보 과잉이나 왜곡이 발생할 수 있으며, 이는 오히려 연구자의 부담을 가중시킬 수 있다. 궁극적으로 AI는 잘 짜인 기획과 기준 아래에서만 강력한 분석 조력자가 될 수 있으며, 선행 연구 정리의 효율성과 정확성을 높여 주는 중요한 파트너로 기능할 수 있다. 따라서 연구자는 AI 도구를 능동적이고 전략적으로 활용할 수 있는 기획력과 통제력을 갖추는 것이 무엇보다 중요하다. 구조화된 접근을 통해 선행 연구를 정리한다면, 학문적으로 깊이 있고 실질적으로 기여할 수 있는 학술 논문을 완성할 수 있을 것이다.

AI 논문 요약 도구 완전 활용법

선행 연구를 정리하는 과정은 학술 논문 작성의 출발점이자, 전체 연구 방향을 설정하는 데서 핵심적인 단계라 할 수 있다. 연구자가 자신만의 정리 기준을 명확히 설정해 두었다면, 이를 보다 효율적으로 수행하기 위해 AI 기반 요약 도구를 적극 활용할 수 있다.

대표적인 텍스트 기반 요약 도구로는 ChatGPT가 있다. 연구자가 원하는 항목별(예: 목적, 방법, 결과 등) 요약 요청을 자유롭게 구성할 수 있어서 활용도가 높다. 예를 들어서 여러 선행 연구 PDF 파일들을 업로드해 연구의 차별점, 필요성, 시사점 등을 표로 정리해 달라고 하거나 또는 요약해 달라고 요청할 수 있다. 이 외에도 R.discovery는 사용자의 관심사를 기반으로 최신 논문을 추천하고 요약해 주는 기능을 제공하며, 요약 내용을 오디오로 들을 수 있고 30개 언어로 번역도 가능하다.

Sharly.AI는 여러 PDF 파일을 동시에 업로드해 비교, 요약, 분석이 가능하며 직관적인 인터페이스를 갖추고 있어 사용이 간편하다. Scholarcy는 논문의 목적, 방법론, 결과 등을 자동 분류해 요약해 주며, 구조화된 요약이 필요한 연구자에게 특히 유용하다. Semantic Scholar

는 논문 내 텍스트 및 다이어그램 정보를 색인화하고, 관련 논문 추천 기능도 제공해 연구 방향을 탐색하는 데 도움을 준다. Humata AI는 논문의 핵심 정보에 대해 질문하면 간결하고 이해하기 쉬운 답변을 제공해, 요약과 질의 응답을 함께 수행할 수 있다. Liner.AI는 웹사이트나 영상 기반 자료도 요약할 수 있으며, 키워드 탐색 기능으로 정보 확장을 돕는다.

선행 연구 요약뿐 아니라 참고문헌 정리에도 AI 도구의 활용이 확대되고 있다. PrepPaper는 PDF나 BibTeX 파일을 기반으로 참고문헌을 자동 정리하며, 온라인 논문 사이트 연동 기능을 갖추고 있다. Ref3는 인용문과 참고문헌이 일치하는지를 자동 검토하고, 수작업 없이 체계적인 문헌 관리를 가능하게 해 준다.

AI 도구를 활용한 선행 연구 요약과 참고문헌 정리는 단순한 편의 기능을 넘어, 연구자가 핵심 내용에 집중할 수 있도록 도와주는 전략적 도구라 할 수 있다. 연구자가 자신의 목적에 맞는 도구를 선택하고, 정리 기준을 명확히 한 상태에서 AI를 활용한다면 문헌 정리의 효율성과 정확성은 크게 향상될 수 있다.

AI를 활용한 문장, 문법 교정 도구

학술 논문을 작성하는 과정에서는 단순한 내용 전달만이 아니라 해당 학회의 기준에 부합하는 구조와 문장 표현, 문맥 흐름, 핵심 포인트 누락 여부까지 종합적으로 검토하는 과정이 필수적이다. 아무리 훌륭한 연구 결과를 담고 있더라도 논문이 정형화된 학술 표현, 논리적 구성, 문법적 완결성을 갖추지 못한다면 게재 가능성은 낮아질 수밖에 없다. 이에 따라 연구자는 직접 검토와 동시에 AI 도구를 보조 수단으로 활용해 논문의 완성도를 높이는 전략을 고려할 수 있다.

AI는 논문 작성 전반에서 유용하게 활용될 수 있다. 특히 선행 연구 요약, 문장 정리, 문법 교정, 표현 개선 등에서 AI 기반 도구들이 많이 사용된다. 대표적인 문장 교정 및 요약 도구들을 살펴보면 다음과 같다. Wordtune은 원문에서 핵심 문장을 하이라이트로 표시하고, 문장의 구조를 개선하며 어조 조정, 문법 교정, 대체 표현을 제안해 준다. 논문의 주요 내용을 간결하게 정리하고 표현의 가독성을 높이는 데 효과적이다. Grammarly는 글을 작성하는 중 실시간으로 문법 오류, 맞춤법, 문장 구조 문제를 감지해 수정안을 제시한다. 특히 학술적 문체에 맞는 표현을 추천하고, 불필요한 단어를 제거해 명확한 문장으로 다듬어 주는 기능이 강점이다. Polaris Office는 문서를 여러 사용자와 실시간 공유하며 공동 편집할 수 있으며, 요약, 맞춤법 검사, 추천 문구 삽입 등의 스마트 기능도 제공한다. Quillbot은 문장의 의미를 유지하면서 표현을 다양하게 바꿔 주는Paraphrasing 기능이 강력하다. 다국어 번역 기능도 탑재되어 있어 초안을 학술적 언어로 자연스럽게 정리하는 데 유용하다. 이러한 도구들은 연구자가 직접 작성한 문장을 보다 학술적으로, 간결하고 정확하게 교정해 주는 데 도움을 준다.

AI 도구는 학술 논문 작성의 보완적 파트너로 기능할 수 있다. 단순한 문장 교정이나 요약 기능을 넘어서, 학술 표현의 정교함을 높이고 문서의 완성도를 끌어올리는 데 효과적이다. 하지만 AI 도구도 완벽하지 않으며, 요약에서의 왜곡이나 표현의 부적절성이 발생할 수 있기 때문에 연구자의 최종 검토와 판단은 필수적이다. 또한, 학술 논문에 담길 핵심 메시지의 진정성과 정확성 연구는 결국 연구자의 책임이라는 것을 잊지 말아야 한다.

참고문헌

ChatGPT. https://chat.openai.com/

Grammarly. https://www.grammarly.com/

Humata.ai. https://www.humata.ai/
Liner.AI. https://getliner.com
Polaris Office. https://www.polarisoffice.com/
PrepPaper. https://preppaper.com/
Quillbot. https://quillbot.com/
R.discovery. https://discovery.researcher.life
Ref3. https://www.ref3.co.kr
Scholarcy. https://www.scholarcy.com/
Semantic Scholar. https://www.semanticscholar.org/
Sharly.AI. https://sharly.ai
Wordtune. https://www.wordtune.com/

03
AI, 선행 연구와의 연결 고리를 발견하다

AI는 학술 연구에서 문헌 탐색과 정리에 큰 편의를 제공하지만, 인용 오류와 정보 왜곡 가능성이라는 리스크도 함께 존재한다. 다양한 AI 도구가 논리적 흐름과 인용 구조 파악을 도와주지만, 그 결과를 검토하고 최종 책임을 지는 것은 연구자다. AI 활용은 효율을 높이지만, 검증과 교차 확인 절차 없이는 학술 신뢰성을 해칠 수 있다. 연구자는 AI를 도구로 활용하되, 비판적 사고와 엄밀한 검증을 병행해야 한다.

AI와 난임 극복?

선행 연구의 틀에서 나의 연구 설계

학술 연구는 주제에 대한 학문적 배경, 관련된 선행 연구, 그리고 사회적 맥락에 대한 분석을 기반으로 논리적이고 객관적인 방식으로 본문을 구성해야 한다. 즉, 학술 논문은 정형화된 구조와 명확한 근거, 연구 결과가 검증 가능한 주장으로 이루어져야 한다. 이채호(2018)는 학술 논문 작성의 기본은 단순한 서술이 아닌 논리적 전개라고 강조하며, 사회적 배경을 통한 현실 문제 부각, 시기적 재검토의 필요성 제시, 선행 연구의 공백 보완 등을 통해 연구 문제를 정당화해야 한다고 언급했다.

학술 연구의 핵심은 "근거 있는 주장"이라 할 수 있다. 기존 연구에서 어떤 내용이 다뤄졌고, 어떤 점이 부족하며, 무엇을 어떻게 보완해야 할지를 체계적으로 밝혀야 한다. 이를 위해 연구자는 다양한 선행 연구, 통계 자료, 정책 보고서, 이론서 등을 인용함으로써 자신의 주장을 학문적으로 설득력 있게 구성하고 전개해 나가야 한다. 과거에는 수많은 논문을 하나하나 직접 열람하고, 내용을 비교하며, 필요한 인용문과 참고 자료를 선별하는 과정에서 방대한 시간과 노력이 필요했다.

오늘날에는 연구자가 원하는 주제나 키워드를 입력하

면, AI 기반 검색 도구가 자동으로 관련 논문과 보고서를 추천하고, 핵심 내용을 요약하거나 비교 분석까지 지원해 준다. ChatGPT, Consensus, Perplexity, Semantic Scholar 등은 대표적인 AI 기반 문헌 탐색 도구로, 수많은 학술 논문과 데이터베이스를 검색해 연구자가 원하는 인용 자료를 신속하게 찾아 주는 데 도움을 준다. 이로써 연구자는 더 많은 시간과 에너지를 본질적인 분석과 글쓰기, 창의적 해석, 선행 연구와의 연결고리를 보다 쉽게 찾게 되고 본 연구에 좀 더 집중할 수 있게 되었다.

학술 논문 작성 "형식"은 단순한 틀이 아니라, 연구한 내용들의 신뢰성과 설득력을 좀 더 높여 주는 학문적 기준이다. 따라서 연구자의 생각을 설득력 있게 전달하기 위해 관련된 근거를 정리하고, 논리적으로 연결하며, 학술 문헌에 기반한 주장을 전개해야 한다. AI 기술은 이러한 과정의 일부를 도와주는 강력한 도구로 자리 잡아 가고 있으며, 근거 수집과 문헌 분석의 효율성을 높여 주고 있다. 그러나 그럼에도 불구하고, 연구자가 갖춰야 할 본질적인 역량은 여전히 '무엇을 어떻게 연구할 것인가'에 대한 철저한 기획과 문제의식이다.

문헌 탐색에서 AI로 연구를 연결하다

학술 연구에서 '나의 연구'와 '선행 연구' 간의 논리적 연결고리를 구축하는 것은 연구의 설득력과 학문적 기여도를 높이는 핵심 작업이다. 이는 기존 연구에서 다뤄지지 않은 공백을 발견하고, 내 연구가 그 맥락에서 어떤 역할을 하는지를 설명하는 정교한 설계가 필요하다는 뜻이다.

최근 AI 기술이 발전하면서 관련 논문과 개념을 빠르게 파악하고, 핵심 내용을 요약, 정리해 주는 지능형 연구 도구들이 등장하고 있다. 이러한 도구들은 연구자의 정보 탐색 시간을 단축시키는 동시에, 보다 넓고 깊은 연구 설계를 가능하게 한다.

대표적 AI 기반 학술 연결 도구 중 하나는 Connected Papers다. 특정 논문을 입력하면 AI가 관련 논문을 내용 기반 유사성에 따라 시각적 그래프로 구성해 준다. Research Rabbit 역시 주제 기반 논문을 트리 구조로 연결해 주며, 연구자 네트워크와 최신 연구 흐름까지 탐색할 수 있는 도구다. 논문 내용 요약과 관련 문헌 제안에 특화된 Semantic Scholar는 TLDR(Too Long; Didn't Read) 기능을 통해 핵심 내용을 한 문단으로 요약해 주고, 관련성이 높은 논문을 추천한다. 여기에 Scite.AI는 각 인용의 맥락을 '지지', '반박', '배경'으로 분류해, 선행 연구의 관점까지 분석할 수 있게 해 준다.

국내외 논문 · 특허 · R&D 정보를 포함한 ScienceON은 논문 검색뿐 아니라 요약, 번역, 용어 설명 기능까지 제공하여, 다양한 배경의 연구자가 접근 가능한 통합형 플랫폼이다. 반면 SCISPACE는 연구의 중심 주제어, 시사점, 필요성, 차별점 등 원하는 구성 요소별로 논문을 정리해 주는 기능이 있으며, 주석 · 관리 기능을 통해 연구 자료를 지속적으로 구조화하고 발전시킬 수 있게 한다.

AI 도구는 연구자에게 연결의 시야와 선행 연구 정리의 구조를 제공해 주고 있다. 연구자의 연구가 기존 연구와 어떤 관계에 있으며, 어떤 차별점이 있는지, 어떤 공백을 메우는지, 어떠한 시사점을 제공할 것인지 등을 설득력 있게 기술하려면 이들의 AI 도구를 전략적으로 활용하는 것이 중요하다. AI는 이제 문헌 탐색의 효율성 그 이상으로 연구자가 고민하고 있는 연구 주제와 내용을 보다 논리적으로 설계하고 기여할 수 있는 부분들을 명확히 하는 핵심 도구가 되었다.

편리함 뒤에 리스크, AI 검증의 필요성

AI 기술의 발전은 학술 연구의 방식을 크게 변화시켰다. 이제는 다양한 AI 도구가 관련 논문을 찾아 주고, 핵심 개념을 요약해 주며, 인용까지 자동으로 정리해 주는 시대다. 이러한 편리함은 연구 효율성을 크게 높여 주지만, 그만큼 연구자의 역할과 책임은 더 무거워졌다. 왜냐하면 AI가 생성한 정보가 항상 정확하거나 학술적으로 검증된 것은 아니기 때문이다. 특히 인용, 출처, 연관된 선행 연구와 같은 요소들은 학술적 신뢰성의 핵심인데, 이 부분에서 AI가 제공하는 정보가 왜곡되거나 허위일 수 있다는 점에서 철저한 검증과 교차 확인 절차가 반드시 요구된다.

AI는 사용자의 질문에 대해 '그럴듯한 문장'을 생성하는데 매우 능하다. 예를 들어 ChatGPT나 SCISPACE, Consensus와 같은 도구는 특정 주제에 대해 선행 연구를 찾아주거나 관련 논문을 요약하며, 주제의 목적과 시사점을 구조화해 주는 데 큰 도움을 준다. 하지만 이들이 내용의 정확성과 진위 여부까지 판단해 주는 것은 아니다. 특히 인용 정보는 실제 존재하지 않는 허위 인용을 만들어 내는 사례가 여전히 보고되고 있으며, 논리적 연관성이 약한 연구를 근거로 제시하는 경우도 적지 않다.

예를 들어 Scite.AI는 논문 인용을 분류해 한 논문이 다른 논문을 어떤 맥락으로 인용했는지를 분석할 수 있도록 도와준다. 이는 AI가 제시한 인용이 단순히 인용 횟수만 많은 것이 아니라, 실제 논리 구조상 어떤 의미가 있는지를 검토할 수 있는 보완 장치로 활용된다. 또한 Research Rabbit이나 Connected Papers처럼 선행 연구 간의 흐름과 관계성을 시각적으로 보여주는 도구 역시 유용하지만, 이 역시 AI의 계산 결과일 뿐 '정확한 해석'은 연구자 스스로의 몫이다. 더 나아가 현재 시점에서 'AI가 추천한 정보를 또 다른 AI가 검증해 주는' 전용 시스템은 찾기는 어렵다. 즉, 연구자는 AI가 생성한 인용이나 주장의 정확성을 반복적으로 재확인하고, 경우에 따라서는 다중 AI 도구를 활용해 교차 검토해야 하는 상황이다. AI가 제안하는 결과를 그대로 사용하는 것은 학술 윤리의 측면에서도 매우 위험하다.

AI는 문헌 탐색, 정보 요약, 자료 구조화 측면에서 그 편의성은 분명히 인정받을 만하다. 하지만 그 편리함 이면에는 여전히 오류와 왜곡 가능성이라는 리스크가 존재한다. 특히 인용, 출처, 논리 구조와 관련된 부분은 연구자의 검토 없이 그대로 사용될 경우 학술적 신뢰를 크게 훼손할 수 있다. 그렇기 때문에 지금 이 시점에서 필요한 것은 AI에 대한 맹신이 아니라 연구자가 중심이 되어 AI의 결과물을 교차 검토하고, 비판적으로 수용하며, 그 정확성을 책임지는 검증 절차의 확립이다.

참고문헌

이채호(2018). 《어쩌다 논문》. 정민사.
ChatGPT. https://chat.openai.com/
Connected Papers. https://www.connectedpapers.com
Consensus. https://consensus.app/
Perplexity. https://www.perplexity.ai/
Research Rabbit. https://www.researchrabbit.ai
ScienceON. https://scienceon.kisti.re.kr/main/mainForm.do
SCISPACE. https://scispace.com/
Scite.AI. https://scite.ai
Semantic Scholar. https://www.semanticscholar.org

04

AI, 학술의 핵심만 추출하다

AI는 학술 연구의 핵심 요소들을 추출하는 과정에서 효율성과 정확성을 높이는 강력한 도구지만, 프롬프트 설계 능력과 환각(Hallucination) 대응 전략이 필수적이다. 연구자는 구체적이고 구조화된 프롬프트로 AI를 활용해 핵심 정보를 추출하고, RAG 방식과 휴먼인더루프 체계를 통해 오류를 줄이며, 비판적 사고와 윤리 의식을 바탕으로 AI를 신뢰할 수 있는 협력자로 활용해야 한다.

AI와 사주?

원하는 답을 찾기 위한 프롬프트 스킬

오늘날 학술 논문 작성에서 AI의 활용은 선택이 아닌 필수가 되고 있다. 연구자는 방대한 선행 연구를 조사하고, 연구 목적과 차별성, 방법론, 시사점 등을 구성하며 논문을 체계적으로 완성해야 하는데, 이러한 복잡한 과정을 단축시켜 주는 유용한 도구들이 각광받고 있다. 특히 원하는 정보를 신속하게 추출하고 요약하며 구조화하는 데 AI 도구는 매우 효과적이다. 하지만 AI가 유의미한 정보를 제공하기 위해서는 사용자의 명확한 질문 설계, 즉 '프롬프트(Prompt)'의 작성이 결정적인 역할을 한다.

AI 도구가 뛰어난 성능을 발휘하기 위해 가장 핵심적인 전제는 사용자의 '프롬프트 스킬'이다. 프롬프트란 본래 '연극에서 배우에게 대사나 동작을 지시하는 행위'를 의미하며, 이러한 지시를 담당하는 이들을 '프롬프터(Prompter)'라고 불렀다. 오늘날에는 이 역할을 기계가 수행하며, AI와의 상호작용에서도 동일한 개념이 적용된다(서승환, 2023).

AI 기술 발전과 더불어 더욱 복잡한 질문을 정확히 해석하여 오류를 줄이고 명확한 답변을 얻기 위해 사용되는 언어적 기술이 바로 '프롬프트 엔지니어링(Prompt Engineering)'이다(장민 · 안재관, 2023). 프로그래밍을 한마디로 말하면 컴퓨터와 상호작용하는 방법을 말하며 프롬프트 엔지니어링의 등장은 컴퓨터와 상호작용하는 새로운 방법이 나타난 것이다. 이는 인간이 쓰는 자연어로 컴퓨터와 상호작용하는 것을 말한다(김진중, 2024). 연구자가 학술적 목적의 정보를 얻기 위해서는 AI에게 정확하게 요청해야 하는데, 이때 프롬프트 스킬은 필수적인 중요한 스킬이라 할 수 있다.

프롬프트 엔지니어링의 기본 원칙은 다섯 가지로 요약된다. 첫째, 구체적 지시로 원하는 정보를 명확히 요청하고, 둘째, 명확한 단어를 사용해 AI의 혼란을 줄이며, 셋째, 맥락 제공을 통해 상황을 이해시키고, 넷째, 구조 형식화로 답변의 일관된 형식을 유도하며, 다섯째, 일관성 유지를 통해 질문과 응답의 질을 높이는 것이다. 예를 들어, 프롬프트에 "당신은 시인입니다" 또는 "당신은 변호사입니다"라는 역할 지정을 포함시키면, AI는 그 역할에 맞는 어조와 논리를 기반으로 응답하게 된다(서승환, 2023).

이처럼 프롬프트 설계는 단순한 질문을 넘어 AI에게 명확한 '맥락'과 '기대하는 응답 형식'을 알려 주는 도구가 된다. 특히 학술 논문과 같이 구조적이고 논리적인 정보가 요구되는 글쓰기에서는 프롬프트가 단순한 질문이 아니라 연구자의 사고 구조와 질문의 의도를 AI에게 전달하는 설계 언어이자 전략적 도구로 사용될 수 있다.

AI는 학술 연구의 속도와 효율성을 획기적으로 향상시키는 도구로 자리 잡았지만, 그 효과는 전적으로 연구자의 프롬프트 설계 능력에 달려 있다고 해도 과언이 아니다. 프롬프트 엔지니어의 질문의 명확성과 구체성, 맥락 제공 여부에 따라 AI의 응답 품질은 크게 달라지며, 이를 통해 보다 정밀하고 신뢰성 있는 결과를 도출할 수 있다.

이러한 이유로 프롬프트 엔지니어링은 더 이상 AI 기술자나 개발자에게만 요구되는 능력이 아니라, AI를 활용해 학술 논문을 작성하고자 하는 연구자에게도 반드시 갖추어야 할 핵심 역량으로 부상하고 있다. 이에 AI와 협업하며 연구를 수행하는 시대에는 창의성과 더불어 프롬프트를 어떻게 구성하는가가 중요하며 활용하는 능력이 학술 경쟁력을 좌우하는 중요한 기준이 될 것이다. 따라서 연구자는 프롬프트를 통해 AI를 단순한 보조 도구가 아니라 학문적 지식 창출의 협력자로 활용할 수 있다.

핵심을 추출하는 프롬프트 방법

AI는 이제 학술 논문을 포함한 다양한 지식 생산 현장에서 강력한 도구로 자리잡고 있다. 특히 AI를 활용해 논문 작성, 문헌 요약, 연구 구조 설계 등의 작업을 수행하는 연구자들이 늘어나면서, AI에 명확하고 구조적인 지시를 내리는 능력, 즉 프롬프트 설계 능력이 필수 역량으로 부상하고 있다. 그러나 많은 연구자는 처음 프롬프트를 다룰 때 막막함을 느끼며, 원하는 답변을 정확히 이끌어내지 못하는 경우가 많다. 이에 따라 프롬프트를 효과적으로 설계할 수 있도록 돕는 구체적 전략과 프레임워크가 주목받고 있다.

김진중(2024)은 연구자를 위한 프롬프트 디자인 프레임워크를 제시하며, 총 일곱 가지 핵심 구성 요소를 설명했다. 첫째, AI의 역할 또는 페르소나 정의다. 예를 들어, "당신은 학술 논문 편집자입니다"라고 명시함으로써 AI가 적절한 전문성과 태도로 응답할 수 있도록 한다. 둘째, 대상 명시다. AI가 정보를 제공해야 할 독자나 사용자 그룹을 명확히 지정함으로써 응답 톤과 내용의 적절성을 높일 수 있다. 셋째, 지식과 정보 제공으로, 질문에 필요한 배경 지식이나 참고 데이터를 함께 제시해 AI의 응답 정확도를 높인다. 넷째, 수행할 작업과 목표 명시를 통해 AI가 무엇을 해야 하는지 명확하게 안내한다. 다섯째, 정책 · 규정 · 스타일 가이드 설정으로 응답 방식의 일관성을 확보하며, 여섯째, 형식 및 구조 설정으로 정보를 표, 목차 등 특정 형식으로 정리하도록 유도한다. 마지막 일곱째는 예시 제공이다. 원하는 응답의 예를 함께 제시하면, AI가 더 정밀하고 구체적인 응답을 생성할 수 있다.

중급 수준의 프롬프트 전략에 대해서는 김태용(2024)이 실질적인 조언을 제시했다. 첫째, 직설적인 표현을 사용하는 것이 중요하며, '설명해 줘', '알려 줘' 같은 요청이 효과적이다. 둘째, 띄어쓰기 오류는 AI가 대부분 자동 인식하므로 지나치게 신경 쓰지 않아도 된다. 셋째, 기대하는 답변의 범위, 형식, 분량 등을 명확히 지정해야 하며, 넷째, AI에게 역할을 구체적으로 지정해 주는 것이 좋다. 예를 들어, "너는 대학 교수야"처럼 명확한 역할 부여는 보다 적절한 응답을 유도한다. 다섯째, 단계적으로 질문을 세분화하면 답변의 깊이와 정밀도가 향상된다. 여섯째, AI가 나에게 되묻도록 유도하면 상호작용의 질이 높아지고, 마지막 일곱째는 자주 발생하는 오류에 대한 사전 안내로 불필요한 수정 작업을 줄일 수 있다는 것이다.

AI와 협업해 연구를 수행하는 시대에는 AI를 사용하는 것만으로는 충분하지 않다. 학술 연구에서는 특히나 선행 연구의 핵심적 내용을 추출해 내용을 파악하고 이해한 뒤 본인의 연구에 어떤 점을 반영해야 하는지 고민해야 한다. 이때 어떠한 질문을 어떻게 던지느냐가 연구의 깊이와 생산성을 결정짓는 중요한 변수로 작용하고 있으며, 이에 따라 핵심을 추출하는 프롬프트 설계 능력은 연구자의 새로운 학술 역량으로 자리매김하고 있다. 이러한 프롬프트 역량은 연구의 깊이와 연구 주제의 다양성 측면에서 다각적인 아이디어를 얻어 낼 수 있으며, 확장된 연구의 범위를 논할 수도 있다. 그러기 때문에 더욱 전략적 설계가 필요하다.

김진중(2024)과 김태용(2024)이 제시한 전략은 연구자들이 AI를 활용한 학술 활동에서 실질적인 도움을 받을 수 있는 유용한 길잡이이며, 연구자는 이를 반복적으로 연습하고 개선함으로써 보다 정확하고 창의적인 결과를 도출할 수 있을 것이다. AI를 활용하는 진정한 힘은 바로 연구자의 사고 구조와 질문 기술에서 비롯되며, 이는 곧 학술 경쟁력으로 이어진다. 이러한 점에서 AI를 다루기 전에 프롬프트의 전략을 먼저 익힐 필요가 있다.

할루시네이션을 줄이기

많은 AI 기술은 학술 연구의 문헌 정리, 데이터 분석, 보고서 작성 등 반복적이고 시간이 많이 소요되는 작업을 단시간에 해결할 수 있도록 돕는다. 하지만 이러한 편의성 뒤에는 'AI 환각(Hallucination)'이라는 중대한 위험 요소가 도사리고 있다. AI가 존재하지 않는 정보를 사실처럼 제시하는 이 현상은, 특히 정밀성과 신뢰성이 요구되는 학술 연구에서 심각한 오류로 이어질 수 있다. 이에 따라 연구자는 AI의 강점을 최대한 활용하면서도 그 한계를 명확히 이해하고 철저히 대비할 필요가 있다.

AI를 활용한 학술 연구에서 가장 중요한 출발점은 데이터의 품질 관리다. AI는 데이터에 기반해 결과를 도출하기 때문에, 불완전하거나 왜곡된 데이터를 학습할 경우 잘못된 결과를 생성할 가능성이 높아진다. 따라서 대표성 있고 신뢰성 있는 데이터셋을 선정하고, 불필요하거나 오래된 정보를 제거하는 정제 과정은 필수다. 이는 단순한 데이터 관리가 아니라, 환각 발생 가능성을 구조적으로 차단하는 핵심 전략이다.

또한, RAG(Retrieval-Augmented Generation) 기술은 환각을 줄이는 효과적인 방법으로 주목받고 있다. 이 기술은 AI가 내부 학습 데이터만으로 응답하지 않고, 신뢰할 수 있는 외부 정보원에 실시간으로 접근해 결과를 생성하도록 돕는다.

AI의 오류를 줄이는 또 하나의 핵심 전략은 '휴먼인더루프(Human-in-the-loop)' 체계 구축이다. 이는 AI의 출력 결과를 사람이 직접 검토하고, 오류가 있을 경우 교정하거나 피드백을 제공해 AI의 성능을 향상시키는 방식이다. 결과적으로 연구자와 AI가 협업하는 구조를 통해 더 정확하고 신뢰할 수 있는 연구 결과를 생성할 수 있다.

서승환(2023)은 AI의 할루시네이션 문제를 최소화하는 가장 단순하고 효과적인 방법으로 맥락을 사전에 제공하는 것을 강조한다. 학습 데이터만으로 진실한 정보를 끌어내는 것은 불가능하며, 사용자 측의 맥락 제공이 정확성을 높이는 유일한 대안이 될 수 있다는 것이다.

AI는 학술 연구에서 탁월한 조력자가 될 수 있지만, 그 전제는 '정확한 방향 설정'과 '철저한 검증 체계'에 있다. 특히 환각 현상을 무시하거나 방치하면, 허구의 정보가 학술 논문에 반영되어 연구자의 신뢰성뿐 아니라 연구 전체의 질적 수준을 훼손할 수 있다. 더욱이 검증되지 않은 내용을 인용하거나 잘못된 정보를 바탕으로 논문을 작성하는 것은 연구 윤리 위반으로 이어질 수 있으며, 연구자의 도덕성을 심각하게 훼손할 수 있다. AI와 협력하는 연구는 기술에 대한 맹신이 아니라 비판적 사고와 통제 능력 위에 구축되어야 한다. 결국, AI 환각에 흔들리지 않고 기술의 이점을 능동적으로 활용하는 연구자야말로 진정한 의미의 '미래형 연구자'가 될 수 있다.

참고문헌

김용태(2024). 《인공지능을 활용한 사회과학 연구방법》. 학지사.

김진중(2024). 《최고의 프롬프트 엔지니어링 강의》. 리코멘드.

반병현(2023). 《프롬프트 엔지니어링》. 생능북스.

서승환(2023). 《프롬프트 엔지니어링 교과서》. 애드앤미디어.

장민·안재관(2023). 《누구든 시작하라 프롬프트 엔지니어》. 알투스.

05
AI, 학술 문법의 마술사

학술 논문 작성에서 문법과 참고문헌 관리는 연구의 신뢰성과 게재 가능성을 좌우하는 핵심 요소다. AI를 활용한 문법 교정 도구 및 참고문헌 관리 프로그램의 활용은 연구자의 문장력 향상과 인용 오류 감소에 효과적이다. 다만 AI의 제안을 맹신하지 않고 연구자가 최종 점검을 수행하는 것이 필수이며, 학회 형식에 맞춘 문법적 구성과 인용 정확성 확보는 반드시 연구자 책임하에 이뤄져야 한다.

AI와 아이돌?

학술 논문의 문법

학술 논문은 학문적 기준과 절차를 충실히 따라야 하는 고도의 학술적 결과물이다. 일반적인 작성 절차는 주제 선정, 선행 연구 조사, 연구 설계, 자료 수집 및 분석, 결과 해석, 본문과 참고문헌 작성, 논문 형식 검토, 표절 검사, 논문 제출과 심사 대응, 그리고 최종 출판의 과정을 포함한다(정한민 · 박정훈 · 유수현, 2023). 이 과정에서 생성형 AI는 특히 참고문헌 작성 이후 단계에서 효율적 도구로 활용될 수 있지만, 문법적 완성도는 반드시 연구자 스스로가 책임져야 할 중요한 요소다.

학술 논문에서 문법은 단순한 언어 규칙을 넘어 연구의 신뢰성과 전달력을 결정짓는 기준이 된다. 학회마다 요구하는 형식이나 언어 표현이 다르기 때문에, 투고 전에 해당 학술지의 최근 게재 논문을 꼼꼼히 분석하는 것이 필요하다. 여러 학회에 학술지를 게재하면 심사위원의 의견을 전달받게 된다. 연구자가 작성한 학술 논문에서 부족한 부분이나 다르게 표현된 부분을 수정해 달라는 요청 등을 받는다.

대표적인 예로는 '연구의 목적을 기술해 주세요', '연구의 필요성을 명확히 작성해 주세요', '데이터 수집 과정을 본문에서 언급해 주세요', '더 구체적인 실무적 시사점을 작성해 주세요', '소주제별로 단락을 구분할 필요가 있습니다', '차별점을 부각시켜 주세요', '표로 정리하는 것을 권장합니다', '근거를 제시해 주세요', '결과가 유의하지 않더라도 연구에는 그에 대한 내용을 제시할 필요가 있습니다', '연구 결과의 흐름을 전체적으로 이해하는 데 어려움이 있습니다' 등과 같은 피드백은 논리 구성과 시각적 표현의 중요성을 강조한다. 문법 오류나 문장의 비논리성은 아무리 우수한 연구 결과라도 평가에서 부정적으로 작용할 수 있다.

학술 논문의 문법은 단지 언어적 오류의 문제일 뿐만 아니라 연구의 전달력과 심사 통과 여부를 결정짓는 핵심 요소다. 문법적 정합성과 구성의 논리성은 모든 학술지 심사 기준에 필수적으로 반영되는 요소이며, 연구자의 기본적인 책임이기도 하다. 따라서 연구자는 생성형 AI의 편리함에 의존하기보다 각 학회의 특성과 게재 논문을 참고해 자신의 논문 문장을 철저히 검토하고 개선하는 노력이 필요하다. 문법은 연구 내용을 더욱 명확히 전달하고 학문 공동체로부터 신뢰받는 논문을 만드는 데 중요한 역할을 하며, 이는 결국 게재 가능성을 높이는 결정적 요인이 된다.

학술 논문 문법과 표현법, AI의 교정

학술 논문 작성 과정에서도 AI 기반 문법 교정 도구의 활용이 급속히 확산되어 활용되고 있다. 기존 연구에서는 연구자가 스스로 문법 오류를 보정하고 학술적 문체로 다듬는 작업을 해야 했지만 이제는 AI를 활용해서 훨씬 빠르고 수월하게 작업할 수 있다. 이는 숙달된 연구자뿐만 아니라 초보 연구자들에게도 큰 도움이 될 수 있다.

AI 기반 문법 교정은 단순한 맞춤법 수정 이상의 기능을 포함한다. 대표적인 도구로는 Grammarly, Paperpal, ChatGPT 등이 있으며, 이들은 문장 구조, 어휘 선택, 학술적 어조 등 다양한 측면에서 실시간 피드백을 제공하고 있다(Aluthman, 2024).

연구자는 자신의 학술 논문 원문을 해당 도구에 입력하고, AI가 제시하는 문법, 구두점, 어조 관련 수정 제안을 반영함으로써 문장의 명확성과 정확성을 높일 수 있다(Priya & Vijayalakshmi, 2024). 이러한 도구는 사용자의 글쓰기 패턴을 학습해 반복적이고 맞춤형 피드백을 제공함으로써 글쓰기 능력을 향상할 수 있다(Priya & Vijayalakshmi, 2024). 예를 들어, 자주 발생하는 문장 오류나 과도한 수동태 사용 등을 AI가 반복적으로 교정함으로써 사용자는 연구자의 약점을 인식하고 개선할 수 있다. 이러한 AI 도구 사용으로 본 연구의 형식이나 문법을 교정해 학술 논문을 좀 더 명확하게 표현할 수 있다. 이러한 교정 과정은 단순한 텍스트 편집이 아닌 학문적 커뮤니케이션 능력 향상과도 직결된다. 이러한 능력은 AI를 활용하는 연구자와 활용하지 않는 연구자의 차이를 낳을 것이다. 또한, 이에 따라 학술 논문 본문 내용의 품질이 확연하게 차이를 보일 것이다.

AI 기반 문법 교정 도구는 학술 논문 작성에서 문법적 정확성, 표현의 명료성, 어조의 학술성 등을 실시간으로 개선해 주는 효과적인 수단으로 자리 잡고 있다. 다양한 연구 결과에서도 이러한 도구를 활용한 학문적 글쓰기 능력 면에서 더 나은 성과를 보일 수 있다. 다만 AI의 제안이 항상 맥락적으로 완벽한 것은 아니기 때문에 AI를 사용하는 연구자들은 항상 주의를 기울여서 학술 논문을 작성해야 한다.

다시 한 번 언급하지만, 학술 논문 전체의 논리적 흐름과 의미를 고려한 최종 검토는 반드시 연구자가 수행해야 한다. 궁극적으로 AI는 학술 문체 훈련의 보조 도구로 활용될 때 가장 효과적인 결과를 가져올 수 있다.

참고문헌, AI로 더욱 정교하게 관리하기

모든 학술 논문에는 선행 연구나 게재된 보고서에 대한 인용이 반드시 포함되어야 하며, 연구자는 이를 통해 자신의 연구가 기존 학문적 맥락 위에 있다는 것을 입증하게 된다. 그러나 참고문헌의 작성 형식은 학회마다 다르며, APA, MLA, Chicago, Harvard 등 다양한 인용 양식이 존재하기 때문에, 연구자가 본문을 작성하면서 건마다 인용을 일관되게 정리하는 데 많은 시간과 노력이 소요된다.

참고문헌 정리와 인용의 복잡성을 해결하기 위해 다양한 참고문헌 관리 프로그램들이 개발되었으며, 대표적으로 EndNote, Zotero, RefWorks, Mendeley 등이 있다. 이들 도구는 AI 기반 자동 정리 기능을 탑재하고 있어 인용 오류를 줄이고 스타일의 일관성을 유지하는 데 큰 도움을 준다. 예를 들어 EndNote는 복수의 논문을 작성해야 하거나 인용 양식을 자주 바꾸는 연구자에게 유리하며, RefWorks와 Mendeley는 비교적 사용이 간편하고 다른 사람과 자료를 공유하거나 협업하는 데 적합하다. Zotero는 오픈소스 기반으로 웹에서 쉽게 자료를 수집할 수 있는 기능이 강점이다.

중앙대학교 학술정보원에서는 연구자의 연구 목적,

작업 방식, 협업 유무 등에 따라 자신에게 맞는 참고문헌 관리 프로그램을 선택할 수 있도록 안내하고 있다. 제공된 자료에 따르면, "앞으로 논문을 여러 편 써야 한다면 EndNote", "협업이 많다면 Mendeley", "인용 스타일을 통일하는 데 어려움을 겪는다면 RefWorks"와 같이 연구자 유형별로 적합한 프로그램을 다르게 제시하고 있다. 또한 복수의 프로그램을 병행해서 사용하는 것도 가능하다고 설명하며, 연구 효율성을 극대화할 수 있는 방향을 제시한다. 연구자는 프로그램을 선택할 때 우선 여러 AI 도구를 사용해 보고 판단해야 할 것이다.

AI 기술의 발달과 함께 참고문헌 관리 역시 자동화되고 정교화되는 추세다. 연구자가 논문을 작성하면서 참고문헌을 일일이 손으로 정리하던 시대는 지나가고 있으며, 이제는 AI 기반 도구를 통해 신속하고 정확하게 참고문헌을 관리할 수 있게 되었다. 연구자는 자신의 연구 목적과 작업 환경에 맞는 도구를 현명하게 선택해 효율성과 정확성을 동시에 확보해야 하며, 이를 통해 보다 신뢰받는 학술 논문을 완성할 수 있을 것이다.

참고문헌

김병준·노대원(2025). 생성형 AI 는 인문학 연구를 어떻게 바꿀까?.

《영주어문》, 59, 203-227.

정한민 외(2023). 학술논문 작성 및 학술정보 서비스에서의 생성형 AI 활용 방안 연구. 《한국정보과학회 학술발표논문집》, 811-813.

중앙대학교 학술정보원. https://researchguide.cau.ac.kr/citemanager/home

Aluthman, E. S. (2024). An Investigation of Artificial Intelligence Tools in Editorial Tasks among Arab Researchers Publishing in English. *Eurasian Journal of Applied Linguistics*, 10(1), 174-185.

EndNote. https://web.endnote.com/

Mendeley. https://www.mendeley.com/

OpenAI(2023). GPT-4 Technical Report. https://openai.com/research/gpt-4

Priya, C., & Vijayalakshmi, R. (2024). *Grammar Correction AI Tools for English Language Teachers in Higher Education.*

RefWorks. https://refworks.proquest.com/

Zotero. https://www.zotero.org/

06
AI, 학술 데이터 분석 가이드

학술 연구를 위해 주제에 맞는 데이터를 확보하고, 적절한 분석 도구와 방법을 선택해 시사점을 도출하는 전략이 필요하다. 공공 데이터, 설문, 크롤링, 실험, 오픈 데이터 등 다양한 데이터를 활용할 수 있으며, 분석 목적에 따라 t검정, 회귀, 구조방정식 등 다양한 방법이 사용된다. 전통적인 SPSS, SmartPLS 외에도 AI 기반 분석 도구를 통해 수집 · 분석 · 예측까지 통합적으로 활용할 수 있으며, 전략적 선택이 연구의 질을 결정짓는다.

AI와 야구?

학술 연구에 필요한 데이터 찾기

데이터 기반 학술 논문을 준비하는 연구자에게 가장 중요한 것은 어떠한 데이터를 확보할 것인지, 그리고 그 데이터를 어떻게 분석해 학술적 시사점을 도출할 것인지에 대한 명확한 기획이다. 연구자가 보유한 데이터의 특성과 분석 목적에 따라 적용 가능한 분석 방법이 달라지므로, 단순한 수집이 아니라 데이터 활용의 전 과정을 설계하는 통찰이 필요하다. 따라서 먼저 연구 주제와 문제의식을 바탕으로 연구자가 의미 있는 분석 결과를 어떻게 도출할지를 고민하는 과정이 선행되어야 한다.

학술 연구에 필요한 데이터를 찾는 방법은 다양하며, 연구자가 설정한 주제와 시사점 도출 방향에 따라 접근법도 달라진다. 첫째, 공공 데이터 활용이다. 공공 데이터는 국가기관이나 공공기관에서 생성한 교통, 기상, 지리, 경제, 재난, 교육, 건강, 세무 등 폭넓은 주제를 포함하며, 신뢰성과 시계열 확보 측면에서 민간 데이터보다 우위에 있다(차영일, 2015). 국토부, 행안부, 교육부, 한국교육학술정보원, 건강보험심사평가원, 한국수자원공사, 국세청 등의 기관에서 데이터를 제공하고 있으며, 연구자가 이를 기반으로 학술적 분석을 전개할 수 있다(박진호 · 한상우, 2022). 둘째, 민간 기업의 리서치 및 설문

조사를 활용하는 방법이 있다. 자체 설문조사나 패널 조사를 통해 연구 목적에 맞는 정형 데이터를 수집할 수 있으며, 특정 타깃에 대한 정성적 분석도 가능하다. 셋째, 웹 크롤링을 통한 비정형 데이터 수집이다. 뉴스 기사, 댓글, 블로그, SNS 포스트 등 다양한 온라인 데이터를 직접 수집하는 방식으로, 최근에는 텍스트마이닝, 감성분석, 토픽모델링 등의 기법과 결합해 질적 · 양적 분석이 가능하다. 단, 이 경우 연구 윤리에 유의해 사전 고지 및 활용 동의, 개인정보 비식별 조치 등이 필요하다. 넷째, 국외 오픈 데이터 활용이다. Kaggle, Google Dataset Search, Zenodo 등은 전 세계 연구자와 개발자들이 공개한 데이터셋을 제공하며, 머신러닝이나 예측 분석을 포함한 다양한 연구에 활용될 수 있다. 다섯째, 연구자가 직접 설계한 실험을 통해 얻은 데이터다. 실험은 가설 검증, 인과관계 분석, 행태 측정 등에 가장 정밀한 방식으로 활용될 수 있다. 실험 데이터는 통제된 환경에서 수집되므로 신뢰도와 타당성이 높지만, 실험 설계의 정교함과 윤리적 승인 절차가 필요하다. 특히 행동 실험, 심리 실험, 인터랙션 실험 등은 정량적 결과뿐 아니라 반응 시간, 정서, 판단 등 복합적인 데이터를 수집할 수 있어 사회과학 및 공학 분야에서 광범위하게 사용된다.

이처럼 다양한 데이터 확보 방식 중 어떤 방식을 선택하느냐는 연구자만의 연구 주제 특성과 분석 목적에 따라 결정되며, 각각의 방식은 확보 가능한 데이터의 유형, 정밀도, 활용 가능성에 따라 장단점이 존재한다. 확보한 데이터를 기반으로 연구자가 어떤 분석 방법을 선택하느냐에 따라 도출되는 시사점이나 연구의 차별점 및 결과 도출 또한 달라질 수 있다.

학술 데이터 분석은 데이터의 확보부터 분석 도구의 선택, 결과 해석까지 연구자가 어떤 연구적 시각과 전략으로 접근하느냐에 따라 연구의 품질이 결정된다. 공공데이터, 민간 조사, 크롤링, 오픈 데이터 등 다양한 방식을 통해 데이터를 확보한 뒤, 연구의 목적에 맞는 방법론을 설정하고, 의미 있는 시사점과 연구의 결론을 도출하는 과정은 연구자의 창의성과 논리적 설계 능력이 핵심이라 할 수 있다. AI 도구를 활용해 데이터 측면에서의 연구 리서치, 데이터 분석, 데이터 결과 도출이 가능해진 오늘날, 연구자는 다양한 데이터 자원을 분석적으로 활용하는 전략적 시각을 갖추는 것이 무엇보다 중요하다.

데이터 분석, 연구 설계의 완성도를 높이다

연구자가 데이터를 확보한 이후 가장 중요한 단계는 그 데이터를 기반으로 어떤 분석 방법을 선택하느냐다. 단순한 기법의 문제가 아니라 연구 주제의 특성과 분석 목적, 나아가 도출하고자 하는 학술적 시사점과 밀접하게 연관되어 있다.

연구자가 확보한 데이터는 구조화된 정량 데이터일 수도 있고, 텍스트 기반의 비정형 데이터일 수도 있으며, 실험 · 설문 등을 통해 직접 수집한 데이터일 수도 있다. 이러한 데이터 특성에 따라 적용할 수 있는 분석 방법 역시 다양하다. 예를 들어, 집단 간 차이를 검증하려면 t검정(t-test)이나 분산분석(ANOVA), 예측을 목적으로 할 경우 선형 회귀분석 또는 머신러닝 기법, 인과관계를 밝히고자 한다면 구조방정식 모형(SEM), 요인 간 관련성을 파악하기 위한 상관관계 분석이 사용될 수 있다.

적절한 분석 방법을 선택하기 위해서는 유사한 선행 연구의 분석 구조와 결과 해석 방식을 참고하는 것이 중요하다. 선행 연구에서 어떤 검증을 통해 결론을 도출했는지, 그 결과를 어떻게 도표나 서술로 표현했는지를 살펴보면 연구자가 자신의 분석 결과를 해석하고 보고하는 데 많은 도움을 받을 수 있다. 한 가지 더하자면, 비슷

한 주제를 연구하면서 선행 연구의 통계 분석을 따라하기보다는 차별화할 수 있는 측면을 고려해 다른 분석 결과물을 도출해 보는 것도 추천한다.

기존 선행 연구에서 많이 사용되던 도구로는 SPSS(기초 통계 분석), AMOS(구조방정식 모형), SmartPLS(부분최소제곱 경로모형 분석) 등이 있으며, 이들은 연구 목적에 맞는 분석 모델 설계와 정량적 결과 해석에 유용하다. 하지만 AI 기술의 발전으로 이제는 프롬프트 기반 AI 분석 도구를 통해도 데이터 요약, 변수 간 관계 탐색, 시각화, 회귀모형 추천까지 자동화된 분석이 가능해지고 있다. 특히 대규모 데이터를 빠르게 처리해야 하거나 복잡한 변수 간 관계를 유연하게 해석해야 할 때 AI의 분석 기능은 연구자의 효율성과 생산성을 크게 향상시킨다.

데이터 분석 방법의 선택은 연구 설계의 방향성과 깊이를 결정짓는 핵심 요소다. 확보한 데이터 유형과 분석 목적에 따라 통계 기법을 적절히 선택하고, 선행 연구의 분석 사례를 충분히 참고해 결과 해석과 표현을 구성하는 것이 바람직하다. 전통적인 통계 도구와 함께 AI 기반 분석 도구를 병행 활용한다면 분석 속도와 정확성을 동시에 높일 수 있으며, 복잡한 연구 주제도 보다 체계적으로 접근할 수 있다.

연구자를 위한 AI 통합 통계 분석 도구

학술 연구에서 데이터 분석은 연구의 신뢰성과 해석의 깊이를 결정짓는 핵심 단계다. 전통적인 통계 분석 도구들은 정량적 연구에서 중요한 역할을 해 왔으며, 최근에는 인공지능 기술과 접목된 다양한 분석 도구들이 개발되면서 연구자에게 더욱 효율적이고 직관적인 분석 환경을 제공하고 있다. 이들 도구는 데이터 수집부터 분석, 시각화, 예측에 이르기까지 통합적으로 활용할 수 있어 분석 시간 단축과 정확도 향상이라는 측면에서 주목받고 있다. 본 글에서는 AI 기반 혹은 AI 연동이 가능한 주요 통계 분석 도구들을 목적별로 소개한다.

AI 기술이 통계 분석 도구에 융합되면서 학술 연구에 있어 데이터 분석 환경은 한층 더 고도화되고 있다. 특히 연구자는 자신의 연구 목적에 맞추어 적절한 도구를 선택하고 활용할 수 있어야 하며, 그에 따라 데이터 수집, 분석, 시각화, 예측까지의 전 과정을 보다 효과적으로 수행할 수 있다.

우선, 데이터를 수집하고 추출하는 데 최적화된 도구들이 있다. 대표적으로 BigKinds는 국내 주요 언론사의 뉴스 데이터를 기반으로 키워드 트렌드를 도출하고, 연관어 맵이나 워드클라우드, 추이 그래프 등의 시각화 기능을 제공한다. 마찬가지로 Textom은 블로그, 뉴스, 트위터 등 다양한 온라인 채널에서 텍스트 데이터를 자동 수집하며, 형태소 분석과 감성 분석을 통해 정성적 데이터도 정량화해 분석할 수 있도록 돕는다.

다음으로 소개할 도구들은 데이터 분석 그 자체에 집중된 고급 통계 분석 도구들이다. Mplus는 구조방정식 모형(SEM), 확인적 요인분석(CFA), 다층모형(HLM) 등 고차원 모델링 분석에 최적화되어 있으며, 결측치 자동 처리 기능 또한 갖추고 있어 복잡한 모델을 설계하고 해석해야 하는 연구자에게 적합하다. 반면 Google BigQuery는 대규모 데이터를 SQL 기반으로 빠르게 분석할 수 있는 클라우드형 플랫폼으로, 머신러닝 모델을 직접 학습시키거나 비즈니스 인텔리전스(BI) 도구와 연동해 실시간 분석까지 가능하다는 장점이 있다.

세 번째로는 데이터 분석과 시각화를 통합적으로 제공하는 도구가 있다. 데이터인은 특히 설문 기반 연구에서 설계부터 배포, 분석까지의 흐름을 통합 지원하며, 기초 통계부터 회귀 분석, 집단 간 차이 분석 등을 자동화된 보고서 형태로 생성할 수 있는 기능을 제공한다. 한편 Orange3는 회귀, 군집, 분류, 텍스트 마이닝 등 다양한 분석 기법과 직관적인 시각화 기능을 결합한 오픈소스

툴로, 블록 기반 인터페이스를 통해 데이터 흐름을 시각적으로 조립하며 분석할 수 있다는 특징이 있다.

마지막으로, TensorFlow는 복잡하고 고도화된 머신러닝 작업이 가능한 플랫폼으로, 고급 통계 분석뿐만 아니라 시각화, 모델 평가, 데이터 품질 검사 기능까지 포함되어 있어 과학적 정밀성이 요구되는 학술 연구에 적합하다.

AI 기술이 접목된 통계 분석 도구들은 학술 연구 현장에서 전보다 훨씬 정교하고 직관적인 분석을 가능하게 하며, 복잡한 데이터 처리와 시각화를 더 쉽게 수행할 수 있도록 돕는다. 하지만 파이썬과 같이 코드를 연계해 사용되는 통계 도구로 구성된 프로그램이 많아 코드 사용을 어려워할 수 있기 때문에 연구자가 사용할 수 있는 AI 도구를 선별할 필요가 있다. 이들 도구는 무료 또는 유료 버전으로 다양하게 제공되며, 연구자가 분석 목적에 맞는 도구를 전략적으로 선택한다면 본 연구의 차별성을 확보하고, 실질적인 학술적 가치를 도출하는 데 크게 기여할 수 있다.

참고문헌

데이터인. https://www.datain.co.kr

박진호·한상우(2022). 공공데이터 포털과 개별 포털 간의 데이터 연계방안 연구. 《한국비블리아학회지》, 33(4), 249-269.

차영일(2015). 민간의 공공데이터 활용을 위한 이용의도에 미치는 영향에 관한 실증적 연구. 숭실대학교 대학원 박사학위논문.

BigKinds. https://www.bigkinds.or.kr

Google BigQuery. https://cloud.google.com/bigquery

Google Dataset Search. https://datasetsearch.research.google.com/

Kaggle. https://www.kaggle.com

Mpuls. https://www.statmodel.com

Orange3. https://orangedatamining.com

SmartPLS. https://www.smartpls.com/

SPSS. https://www.ibm.com/kr-ko/spss

Tensorflow. https://www.tensorflow.org

Textom. https://textom.co.kr

Zenodo. https://zenodo.org/

07
AI, 언어의 다리

AI 시대의 학술 논문 작성과 번역에서는 문법적 정확성과 언어 표현의 정밀성이 필수적이다. 영문 논문은 오타나 문법 오류로 인해 게재가 거절될 수 있으며, AI는 번역과 초안 작성에 도움을 주지만 완벽하지 않다. 연구자는 AI의 결과를 검토하고 논리와 용어의 일관성을 스스로 점검해야 한다. AI는 생산성을 높이는 유용한 도구이나, 최종 책임은 연구자에게 있다는 점을 인식해야 한다.

AI와 윤동주?

영문 학술 논문에서 문법 표현의 중요성

학술 논문은 일반적인 글쓰기와는 명백히 구분되는 형식적 · 언어적 특성을 가지고 있다. 학술 논문은 단순한 의사 표현이 아니라 학문적 타당성을 갖춘 결과를 학술 공동체에 제시하는 문서로서, 명확한 논리 구조와 엄격한 언어 규칙이 요구된다. 특히 영문 논문은 전 세계 학술지에 투고되며, 언어적 완성도와 문법적 정확성이 평가의 중요한 기준이 된다.

김준석(2017)은 영문 논문을 저널에 투고하기 전 반드시 오타 및 문법 오류를 점검해야 한다고 강조한다. 아무리 뛰어난 연구 결과라도 영어 표현이 서툴거나 문법적으로 오류가 많으면, 게재 거절(Rejection)로 이어질 수 있기 때문이다. 실제 학술지의 리뷰 결과에서는 게재 승인(Accept), 수정 후 게재(Minor Revision), 재심사(Major Revision) 외에도 '언어 문제로 인한 게재 불가(Reject due to language problems)'와 같은 항목이 존재하며, 이는 영어 표현의 중요성을 강조한다.

박균영(2022)은 영문 논문에서 특히 부정관사 a와 정관사 the의 사용에서 많은 오류가 발생할 수 있음을 지적하며, 논문 작성 분야에 따라 용어 선택이 달라진다고 설명했다. 이는 특정 학문 분야에서는 고유의 관용 표현과 어휘가 존재하며, 이에 대한 정확한 이해가 필요하다는 뜻이다.

또한, 민양기(2014)는 과학 논문을 영어로 작성할 때 표현 방식에 일정한 형식과 요령이 있음을 언급했다. 그는 표현 방법을 모방하거나 참고하는 것은 표절이 아니라 학술적 글쓰기를 시작하는 데 유용한 학습 도구라고 설명했다. 이와 함께 학술 논문 작성에 자주 사용되는 한글 표제어와 그에 대응하는 영어 표현(명사구, 형용사구, 부사구 등)을 체계적으로 정리한 내용을 제시하며, 이는 학문적 글쓰기 능력을 높이는 데 실질적인 도움이 될 수 있다고 했다.

결론적으로, 영문 학술 논문은 단순한 번역 작업이 아니라 학문적 맥락에 맞는 표현, 문법, 단어 선택을 정확하게 이해하고 적용하는 과정이다. 연구자의 주장과 결과가 명확하게 전달되기 위해서는 문법적 완성도와 언어적 일관성이 뒷받침되어야 한다. 이 또한, 학회마다 규정과 작성 형식 기준이 달라 그것에 맞게 작성해야 한다. 따라서 학술 영어 작문은 형식과 내용, 표현의 정밀성이 조화를 이룰 때 진정한 학문적 설득력을 갖추게 될 것이다.

AI 시대, 학술 논문의 번역

전 세계적으로 학술 논문은 각국의 연구 성과를 공유하는 수단으로서, 국제 학술지에는 영어로 된 논문이 주로 게재되며, 국내 연구자들 또한 국내 학회는 물론 해외 학회에 다양한 언어로 논문을 투고하고 있다. 이 과정에서 연구자는 한글로 작성한 논문을 영어 또는 타 언어로 번역해야 하는데, 이는 단순한 번역을 넘어 해당 언어의 학술적 표현과 논리 전개 방식을 이해하고 적용하는 고난도의 작업이다.

이러한 학술 논문 번역의 어려움을 완화하는 데에 AI의 역할은 매우 크다. 오늘날 AI 기술은 단순한 번역뿐만 아니라 논문 검색, 요약, 문장 구조 재구성, 부분 해석 등의 기능까지 수행하며, 연구자의 언어 장벽을 낮추고 논문 작성의 효율을 높이고 있다. 또한 연구자가 PDF 형식의 원문을 입력해 특정 부분만 요약하거나, 핵심 내용을 빠르게 파악하고자 할 때, AI는 그 활용도를 증명하고 있다.

최성희(2019)는 AI 기술의 발달로 인해 "조만간 없어질 직업 1위가 번역"이라 언급하며, 인간을 완전히 대체하는 AI 번역의 시대가 곧 도래할 것이라 예측했다. 실제로 현재는 학술 용어에 특화된 AI 번역기 모델까지 등장하면서, 기계 번역의 정확도와 실용성이 과거보다 훨씬 높아졌다. 이에 따라 논문 번역은 더 이상 전문가만의 영역이 아니라 AI와 함께 협력하는 방식으로 바뀌고 있다.

임형재(2025)는 AI가 반복적이고 일상적인 번역 작업을 맡음으로써 통번역사가 더 창의적이고 감성적인 작업에 집중할 수 있다고 보았다. 이는 AI가 단순히 연구자를 대체하는 것이 아니라, 학술 번역의 창의성과 문화적 맥락을 강조하는 고차원적 작업에서 연구자의 역할을 재조명하는 계기를 마련하고 있다는 점에서 주목할 만하다.

결국 AI는 학술 논문 번역의 진입 장벽을 낮추는 강력한 도구로 자리매김하고 있다. 복잡한 학술 문장을 다양한 언어로 전환하는 작업은 여전히 연구자의 비판적 검토와 감수 과정을 요구하지만, AI는 그 과정에서 실질적인 시간과 노력을 줄여 준다. 앞으로 AI는 단순히 번역의 정확성을 높이는 것을 넘어, 학술적 문체에 적합한 표현을 학습하고 제공하는 방향으로 지속적으로 진화할 것이다. AI 시대의 학술 번역은 연구자의 창의성을 보완하며, 보다 넓은 학문적 교류와 협업을 가능케 하는 기반이 될 것이다.

AI 번역 한계 극복하는 실전 체크리스트

AI 기술이 학술 논문 작성 과정에 깊숙이 도입되면서 번역 작업은 보다 신속하고 효율적으로 수행될 수 있게 되었다. 특히 학술 논문을 영어 등 외국어로 번역할 때 AI는 초안 작성, 용어 검색, 문장 구조 개선 등 여러 측면에서 유용한 역할을 하고 있다. 그러나 이러한 편리함에도 불구하고 AI 번역에는 분명한 한계가 존재하며, 이를 보완하고 책임지는 것은 결국 연구자의 몫이다. 연구자가 직접 용어 통일성, 논리 흐름, 문법적 완결성을 꼼꼼히 확인해야 학술적으로 완성도 높은 논문을 완성할 수 있다.

임형재(2025)는 AI 시대 통번역의 방향성을 조망하며, 언어와 사고 및 의사소통의 관계를 중심으로 통번역학과 다양한 인접 학문 간의 상호작용 가능성을 언급했다. 특히 번역이란 단순히 한 언어의 텍스트를 다른 언어로 옮기는 것을 넘어서 의미 전달과 소통의 문제이므로 구술적 통역 역시 포함된다고 강조했다. 이는 번역 행위가 단순한 기계적 변환이 아니고 텍스트에 담긴 맥락과 문화적 의미를 함께 전달하는 고차원적 작업임을 시사한다고 했다. 현재 Google Translate, DeepL, Papago와 같은 온라인 번역기와 GPT-o3 mini, GPT-4.5, Gemini,

HyperCLOVA X 등과 같은 고도화된 AI 플랫폼이 학술 번역 시장에서 널리 활용되고 있다. 그러나 이러한 AI 도구는 대부분 방대한 기존 데이터 기반의 기계 학습에 의존하고 있기 때문에, 데이터베이스에 존재하지 않는 표현이나 새로운 스타일, 특정 전공 분야의 특수 용어를 정확하게 재현하는 데는 한계가 있다.

AI 번역의 한계를 극복하기 위해 연구자는 다음과 같은 점을 반드시 점검해야 한다. 첫째, 번역된 텍스트 내의 학술 용어가 일관되게 사용되고 있는지 확인한다. 둘째, 논문의 맥락과 논리 구조가 자연스럽고 일관되게 전개되고 있는지 검토해야 한다. 셋째, 문법적 오류뿐 아니라 단어 선택의 적절성도 살펴봐야 하며, 넷째, 인용 표현이나 표절 방지 기준에 부합하는지도 점검해야 한다. 이 모든 작업은 AI가 완전히 대체할 수 없는 영역이며, 연구자의 책임 있는 개입이 요구된다.

학술 논문은 학문적 신뢰성과 명확한 의사소통을 전제로 하기 때문에, AI가 생성한 번역 결과를 무비판적으로 사용하는 것은 학술적 오류뿐 아니라 윤리적 문제로 이어질 수 있다. 따라서 AI 번역의 효율성을 적극 활용하되, 용어의 정확성, 논리 구조, 문체의 적절성 등은 연구자가 직접 확인하고 수정해야 한다. 이러한 과정이 반복될 때, AI와 연구자의 협업은 보다 정교하고 신뢰성 높은 연구 결과로 이어질 수 있다.

참고문헌

김준석(2017). 《수리과학영어논문작성법 및 LATEX 활용》. 고려대학교출판문화원.

민양기(2014). 《이공계 연구자를 위한 영문과학 논문 모범 예문집》. 범문에듀케이션.

박균영(2022). 《과학기술 논문 영어로 쓰기》. Soljai 출판.

임형재(2025). 《AI 시대 통번역의 포스트 에디팅 전략》. KONG & PARK.

최성희(2019). 《AI 시대의 번역》. 세창출판사.

ChatGPT. https://chat.openai.com

DeepL. https://www.deepl.com

Gemini. https://gemini.google.com

Google Translate. https://translate.google.com

HyperCLOVA X. https://www.navercloudcorp.com/hyperclova

Papago. https://papago.naver.com

08
AI, PPT 디자이너

학술대회 발표에서 슬라이드 구성은 연구의 핵심 내용을 논리적으로 전달하고 청중을 설득하는 데 목적이 있다. 이를 위해 오레오(O-R-E-O) 공식처럼 구조화된 메시지 전달 방식과 시각 자료의 효과적인 구성, 간결한 텍스트, 차트와 표 등이 필수적이다. 특히 AI 도구를 활용하면 슬라이드 제목과 핵심 메시지를 빠르게 도출하고 시각적으로 세련된 발표 자료를 구성할 수 있다. 발표자는 AI의 도움을 받고 연구의 본질과 메시지를 스스로 구조화하는 방법을 담았다.

AI와 한의학?

학술대회 발표에서의 중요 PPT 페이지

학술대회 발표는 단순한 정보 전달이 아니라 전공인을 대상으로 한 논리적 설득과 지식 공유를 목적으로 한다. 정해진 시간 내에 연구 주제의 핵심 내용과 의의를 청중에게 명확하게 전달하고, 새로운 지식을 함께 습득하는 데 의의가 있다(최지영 외, 2023). 하지만 연구자가 직접 수행한 연구 내용은 모두 중요하게 느껴질 수 있어, 청중에게 꼭 필요한 연구의 핵심만을 선별해 설득력 있게 제시하는 데 어려움을 겪는 경우가 많다. 이에 따라 연구자는 자신의 연구를 명확히 이해하고 요약할 수 있는 논리적 구조화와 효과적인 PPT의 슬라이드 구성을 전략적으로 작성하는 방법을 고민할 필요가 있다.

학술대회 발표 PPT 슬라이드의 효과적인 구성 전략은 핵심 연구 내용을 얼마나 논리적이고 설득력 있게 정리하느냐에 따라 결정된다. 이를 위해 활용할 수 있는 전략 중 하나가 바로 '오레오(O-R-E-O) 공식'이다. 이는 《150년 하버드 글쓰기 비법》에서 제시된 논리적 글쓰기 구성 방식으로, 연구의 발표에도 효과적으로 적용 가능하다. 오레오 공식의 구성은 다음과 같다. 첫째, 의견(Opinion)이다. 발표자가 전달하고자 하는 핵심 주장을 먼저 제시한다. 둘째, 이유(Reason)다. 주장의 이유와 배경을 설명하여 논리적 근거를 제시한다. 셋째, 증거(Example)다. 실제 연구 사례나 수치를 통해 주장을 뒷받침한다. 넷째, 의견 반복(Opinion)이다. 처음에 제시한 핵심 의견을 다시 한 번 강조해 청중에게 각인시킨다. 이러한 구성은 청중이 발표 내용을 쉽게 이해하고 설득당할 수 있는 논리적 흐름을 제공하며, 핵심 메시지를 빠르고 명확하게 전달하는 데 큰 도움이 된다. 또한 효과적인 학술대회 발표 PPT를 위해서는 논리적 구조화와 시각화 전략도 필수적이다. 연구의 결과는 가장 중요한 내용부터 우선 제시하고, 복잡한 정보는 정확하고 간결한 문장으로 구성해야 한다. 더불어 그래프, 차트, 표 등 시각적 요소를 적극 활용해 청중의 이해를 돕고, 해석이나 추측보다는 객관적인 데이터와 결과 중심으로 구성하는 것이 바람직하다.

학술대회 발표는 연구자가 수행한 내용을 효과적으로 전달하고, 청중과 지식을 공유하는 중요한 과정이라 할 수 있다. 발표자는 자신의 연구를 간결하고 설득력 있게 표현함으로써 청중에게 명확한 인상을 남기고, 연구의 의의와 가치를 충분히 전달할 수 있을 것이다.

슬라이드 제목과 핵심 메시지, AI로 뽑기

학술대회 발표에서 연구자가 슬라이드를 구성할 때, 학술지의 모든 내용을 그대로 넣거나 슬라이드 제목을 단순히 '서론, 이론적 배경, 실증 분석, 결론' 식으로 구성하는 경우 청중이 연구에 흥미를 느끼기 어렵다. 학술대회 발표는 청중의 이해를 돕고 핵심 내용을 효과적으로 전달하는 데 목적이 있다. 연구의 구조를 단순화하되 중심 내용을 선별해 전달하는 전략이 필요하다. 이를 위해 서론, 본론, 결론의 각 구성 요소에서 반드시 포함해야 할 핵심 내용을 선별하고, 그에 맞는 슬라이드 제목과 메시지를 고민해야 한다.

서론에서는 연구의 문제의식, 필요성, 목적, 차별점을 중심으로 내용을 구성하고 본론에서는 연구의 중요성, 연구 방법, 분석 결과를 간결하고 논리적으로 전달해야 하며, 결론에서는 연구 목적에 연계된 결론, 시사점, 한계점, 향후 연구 방향 등을 포함해서 발표를 마무리해야 한다. 이 과정을 보다 효율적으로 수행하기 위해서는 AI 도구를 활용하는 것이 큰 도움이 될 수 있다. ChatGPT, Perplexity, Consensus, Gemini 등은 연구자의 텍스트 문서를 기반으로 핵심 문장, 요약 문구, 논리적 흐름을 정리해 주며, 발표 슬라이드 제목과 메시지를 구성하는 데 실질적인 아이디어를 제공한다.

특히 일반적인 PPT를 작성하는 모든 자료에서도 유용한 GAMMA는 학술 발표 자료를 구성하는 데에도 아주 유용하다. 자동 프레젠테이션 생성 도구로, 텍스트를 입력하면 슬라이드를 논리 구조에 맞춰 자동 생성하고 시각적 구성도 제안해 준다. 슬라이드 디자인, 스타일 변경, 출력 형식 등 지원 기능도 뛰어나 초보 연구자도 손쉽게 활용할 수 있다. 또한, POP AI는 PDF나 워드 문서를 업로드하면 요약, 시각화, 표 및 차트 생성, 슬라이드 자동 구성 등 다양한 기능을 제공하여 연구자가 핵심 내용을 중심으로 발표를 설계하는 데 유용하다.

AI를 활용하면 슬라이드 제목과 핵심 메시지를 빠르고 효율적으로 도출할 수 있으며, 연구자가 미처 생각하지 못한 표현이나 구성 아이디어를 제시받을 수도 있다. 하지만 가장 중요한 것은 AI가 제안하는 내용을 그대로 수용하기보다는 연구자가 중심을 잡고 구조화해야 한다는 점이다. 따라서 슬라이드 구성에서도 연구자가 전달하고자 하는 핵심을 명확히 하고, AI는 그 구조를 강화하는 역할로 활용하는 것이 바람직하다.

연구의 핵심, AI 시각화 디자인

학술대회 발표에서 연구자의 발표 내용만큼 중요한 것이 슬라이드의 시각적 전달력이다. 발표자가 아무리 우수한 연구를 수행했다 하더라도, 발표 자료가 시각적으로 매력적이지 않거나 정돈되어 있지 않으면 청중의 주목을 받기 어렵다. 특히 PPT 디자인, 텍스트 구성, 시각자료(표, 차트 등)는 청중의 이해도와 몰입도를 결정짓는 핵심 요소로 작용한다. 발표 슬라이드는 연구의 가치를 드러내는 첫인상이자 청중의 관심을 끌어당기는 시각적 중요 요소라 할 수 있다.

시각적 요소가 중요한 이유는, 메라비언 법칙에서도 설명되듯, 인간이 의사소통 과정에서 시각 정보(55%)에 가장 많이 반응하기 때문이다. 즉, 발표의 첫 몇 초 안에 청중을 사로잡기 위해서는 세련되고 논리적인 시각 자료가 필요하다. 텍스트가 많거나 디자인이 정돈되지 않으면 연구의 핵심이 잘 전달되지 않으며, 청중은 흥미를 잃을 수 있다. 이처럼 발표 슬라이드의 디자인은 단순한 미적 요소가 아니라 연구 메시지의 전달력을 결정짓는 핵심 수단이다. 하지만 많은 연구자는 디자인 변형에 익숙하지 않거나 PPT 활용에 어려움을 느낀다. 이에 따라 최근에는 AI 기반 디자인 도구들이 다수 개발되어 이러한 부담을 줄여 주고 있다. 대표적으로 Canva는 디자인 경험이 없는 사용자도 고품질 슬라이드를 쉽게 만들 수 있도록 다양한 템플릿과 자동 조정 기능을 제공한다. 무료 템플릿도 풍부하며, 프리미엄 기능도 구독 형태로 제공된다. 이 외에도 Miricanvas, Mangoboard, Microsoft Designer, Firefly, Tome, Napkin 등은 디자인 자동화 기능을 갖춘 AI 기반 플랫폼이다. 이들 도구는 슬라이드에 적합한 색상, 폰트, 구성 등을 자동 추천해 줄 뿐 아니라, 사용자가 입력한 내용을 기반으로 새로운 이미지를 생성하거나, 텍스트를 시각적으로 표현해 주는 기능도 탑재되어 있다. 특히 Tome은 프레젠테이션을 전체적으로 생성해 주는 기능이 있어, 학술대회 발표의 초보자도 쉽게 활용할 수 있다.

오늘날 AI 기반 디자인 도구들은 발표자에게 단순한 시각 보조 수단을 넘어 연구의 설득력과 완성도를 높이는 핵심 자원으로 떠오르고 있다. 디자인 경험이 부족한 연구자라도 이러한 도구를 활용하면 슬라이드를 세련되게 구성할 수 있으며, 결과적으로 연구의 가치와 메시지를 더욱 효과적으로 전달할 수 있다. 결국 AI 도구를 능동적으로 활용해 연구 발표를 시각적으로 강화하는 연구자만이 청중의 주목을 받고, 연구의 의미를 더 크게 부각시킬 수 있을 것이다.

참고문헌

송숙희(2022). 《150년 하버드 글쓰기 비법》. 유노북스.
최지영 외(2023). 《외국인 대학원생을 위한 학술 발표와 토론》. 도서출판 하우.
Canva. https://www.canva.com/ko_kr/
ChatGPT. https://chat.openai.com/
Consensus. https://consensus.app/
Firefly. https://www.adobe.com/kr/products/firefly.html
GAMMA. https://gamma.app/ko
Gemini. https://gemini.google.com/
Mangoboard. https://www.mangoboard.net
Microsoft Designer. https://designer.microsoft.com/
Miricanvas. https://www.miricanvas.com
Napkin. https://www.napkin.ai/
Perplexity. https://www.perplexity.ai/
POP AI. https://www.popai.pro/
Tome. https://tome.app

09
AI, 연구자와 평가자의 통찰력 도구

AI의 발전으로 학술 논문 작성과 심사에 다양한 도구가 활용되고 있으며, 연구자와 심사위원 모두 새로운 역할과 책임이 요구된다. 연구자는 AI를 활용해 논문 구조를 점검하고, 심사위원은 AI 지원을 받아 심사 효율성을 높이되 윤리적 판단을 유지해야 한다. 논문은 여전히 학회의 평가 기준을 충족해야 게재되며, AI는 어디까지나 협업을 위한 도구로, 최종 판단은 연구자의 몫이다.

AI와 화장품?

학회의 평가 기준의 이해

학술 논문은 단순한 글쓰기가 아니라 평가와 심사를 전제로 한 글쓰기다. 즉, 아무리 의미 있는 연구 결과를 담고 있더라도 학회의 심사 기준을 충족하지 못하면 게재가 되기 어렵다. 그 이유는 학술 논문은 연구자가 아무리 애써 쓴 논문이라도 학회의 양식과 평가 항목을 충족하지 않으면 '수정 후 게재', '재심사', '게재 불가'와 같은 평가 기준이 있기 때문이다. 이러한 학술 논문의 심사 결과를 접하는 연구자들은 당혹감이나 좌절감을 느끼기 쉽다. 여기서 중요한 것은 학술 논문의 심사 기준과 구조를 이해하고 학술 논문을 전략적으로 보완하는 자세다. 학술 논문 심사 기준은 평가위원의 주간적 감정을 담은 점수가 아닌 평가 항목과 학회의 체계에 따른 결과물이라는 점에서, 객관적으로 접근할 필요가 있다.

학회마다 심사 기준과 판정표가 있다. 예를 들어 A학회의 경우 연구의 창의성과 독창성, 연구 방법의 타당도, 논리성, 구성력, 학문적 기여도, 초록의 적절성, 참고문헌의 최신성과 정확성 등 총 여러 항목을 기준으로 척도로 평가한다. 각 항목은 구체적이고 실질적인 기준에 따라 평가되며, 그 합산 결과로 종합 판정이 결정된다. 중요한 점은 '수정 후 게재'라는 판정을 받아도 연구자가 실제로 수정하지 않으면 게재가 불가능하다는 것이다. 따라서 연구자는 논문을 작성할 때부터 이 심사 항목을 고려해야 하며, 글을 완성한 후 스스로 점검하는 습관을 들이는 것이 중요하다. 또한 심사평은 단순한 지적이 아니라 연구를 더 깊이 있게 만들 수 있는 조언이 될 수 있다. AI 기술을 통해 초록 정리, 문법 교정, 문헌 요약 등의 도움을 받을 수는 있지만, 평가 기준을 반영한 구조적 글쓰기는 여전히 연구자의 몫이다.

논문이 게재되기 위해서는 논리적 완결성과 학문적 기여를 심사 기준에 따라 설득력 있게 담아야 한다. 특히 심사평을 감정적으로 받아들이기보다, "내가 미처 보지 못한 부분을 지적해 준 것"으로 받아들이는 인식 전환이 필요하다. 그럴 때 비로소 수정은 단순한 보완이 아니라, 연구의 성장을 이끄는 계기가 된다. 심사 기준은 연구자의 부족함을 드러내는 것이 아니라, 더 나은 방향을 제시하는 나침반과 같다. AI 시대에도 연구의 최종 책임과 설계는 연구자에게 있다. 평가를 두려워하지 말고, 기준을 이해하고, 그 기준 위에서 더 나은 논문을 써 나가는 것이 진짜 학문적 글쓰기다.

연구자, AI로 연구 구조 점검하기

2022년 ChatGPT가 등장한 이후 다양한 분야에서 인공지능 기술이 빠르게 도입되었고, 학술 연구 분야에서도 그 활용이 두드러지고 있다. 학술 논문을 작성하는 데 AI를 활용하는 방법과 전략이 유튜브 콘텐츠나 뉴스 보도, 인터넷 블로그, 교육 콘텐츠 등에서도 본격적으로 다뤄질 정도로,이러한 흐름은 연구자 개인의 선택 수준을 넘어 일반화되고 있다. 특히 실제 논문을 작성하고 있는 연구자들이 운영하는 유튜브 채널 등을 통해 AI 도구의 실전적 활용법이 전파되고 있는 것은 눈여겨봐야 한다.

대표적인 사례로는 유튜브 채널인 '외과의사 이준서(2024)'가 있다. 이 채널은 "AI를 이용해서 빠르게 논문 쓰기"라는 주제로 다양한 AI 기반 논문 도구들을 소개하며, 연구자들이 보다 효율적으로 논문을 작성할 수 있도록 안내하고 있다. 예를 들어, ChatGPT는 본문 작성, 요약, 문장 정리 및 엑셀 인식 기능이 탑재된 기본 도구로 활용된다. Elicit는 유사 연구자를 탐색하거나 레퍼런스를 한눈에 비교 정리하는 데 유용하며, Scite.AI는 인용구가 논문 내에서 어떤 논리적 맥락에서 사용되었는지를 시각화해 보여 주는 강점이 있다. SCISPACE는 논문과 대화형으로 인터페이스가 작동하며, 필요한 섹션을 추출하거나 핵심 구조를 정리하는 데 특화된 기능을 제공한다. Claude는 장문 요약 및 정제된 문장 구성을 위한 도구로 추천되지만, 엑셀 파일은 인식하지 못하는 한계가 있다. 이준서는 이러한 도구들을 사용할 때 '원고 초안' 수준으로 제한하고, 인용구는 반드시 연구자가 자세히 점검해야 한다고 강조했다.

또 다른 사례로는 유튜브 채널 '논준모연구소(2025)'가 있다. 이 채널은 논문 컨설팅 및 논문 작성 교육 콘텐츠를 제공하며, 논문을 작성하는 데 AI를 어떻게 활용할 수 있을지 구체적으로 안내한다. ChatGPT, Notion AI, Research Rabbit, SCISPACE 등 다양한 도구들의 특성과 장단점을 설명하며, 주제 설정, 문장 작성, 선행 연구 수집, 데이터 분석, 시각화에 이르는 각 단계에서 도구의 실질적 적용 가능성을 소개한다. 특히 Research Rabbit은 Zotero와 연동되어 선행 연구를 구조화하며 요약해 주는 기능이 강점이고, SCISPACE는 ChatGPT와 연동하여 인용 출처를 명확히 제공하는 점에서 실용성이 높다. 반면 ChatGPT는 인공지능 관련성이 낮은 답변을 제공할 수 있기 때문에, 프롬프트를 어떻게 구성하느냐에 따라 답변의 질이 달라진다는 점을 지적했다. 논준모연구소는, AI는 어디까지나 보조 도구이며, 최종 판단과 기획은 연구자에게 있다는 것을 거듭 강조했다.

AI 도구의 발전은 학술 논문 작성의 효율성을 높여 주는 동시에 연구자에게 새로운 윤리적 책임을 요구하고 있다. AI는 어디까지나 연구자의 협업 파트너로서 적절한 시점에 적절한 도구를 활용해야 하며, 이를 통해 학술적 신뢰성과 창의성을 동시에 확보할 수 있다. 특히 학문적 기준에 부합하는 인용 및 자료 활용, 그리고 AI가 생성한 콘텐츠에 대한 교차 검토는 필수적이다.

기술 수용에 대한 열린 태도와 함께 오정보에 대한 경계심을 갖추는 것이 AI 시대의 연구자에게 요구되는 중요한 역량이다. 또한, AI가 문장을 생성하거나 선행 연구를 요약해 주더라도 해당 문장이 실제 연구 목적과 부합한 것인지, 근거로 제시된 문헌이 존재하는지, 인용이 올바르게 이루어졌는지, 전체적으로 연구 전개의 흐름에 맞게 작성했는지, 학회의 기준에 맞게 작성했는지 등을 최종적으로 검토하는 것은 연구자의 몫이라고 할 수 있다.

평가자, AI로 연구자의 학술 논문 분석하기

AI 기술의 도입은 학술 연구의 작성과 평가 방식에 커다란 변화를 가져오고 있다. 특히 2022년 ChatGPT의 등장 이후, 다양한 AI 기반 도구들이 논문 작성에 활용되면서 연구자들의 표현력이 향상되고 문장 구성의 질이 높아졌다. 이러한 발전은 긍정적인 변화만을 의미하지 않는다. 연구자가 AI 도구를 적극 활용했을 경우, 해당 논문이 실제로 연구자의 독자적 사고에서 기인한 것인지 혹은 AI의 지원을 받아 생성된 문장인지 평가자가 구별하기 어려워지고 있다. 이에 따라 AI 도구의 활용은 단지 작성을 넘어 심사 과정에까지 영향을 미치며, 연구자와 평가자의 역할 변화와 책임 인식이 함께 요구된다.

지디넷코리아의 보도(2025.3.10)에 따르면, AI 기술은 논문 심사 과정에서 평균 8시간 이상 소요되던 작업을 30분 이내로 단축할 수 있는 가능성을 보여 주고 있다. 드리티온 그루다(Dritjon Gruda) 박사는 약 900명의 연구자를 대상으로 설문조사를 진행해 다수의 연구자들이 2~8시간 이상 논문 심사에 소비하고 있으며, 이로 인해 심사 요청을 기피하게 된다고 밝혔다.

이에 그는 '스캔(Scan), 음성 입력(Dictate), 정리(Refine)'라는 세 가지 AI 심사 전략을 제안했다. 논문을 빠르게 훑어보며 논리 구조를 파악하고, 음성 인식을 활용해 실시간 피드백을 기록하며, 마지막으로 오프라인 AI 모델을 통해 보안 문제 없이 논리적 피드백을 구성하는 방식이다. 하지만 심사의 핵심은 AI가 아닌 심사자와 평가자의 윤리적 판단과 분석 능력에 달려 있다고 했다.

학회에서 규정한 심사 기준은 초록, 서론, 본론, 결론, 참고문헌 구성뿐 아니라 객관성, 타당성, 실용성, 적절성, 기여성, 유사도 등 평가 항목을 기준으로 정해 두고 있으며, 심사위원은 이를 바탕으로 AI가 생성한 문장과 연구자의 사고가 반영된 내용을 판별하기 어려울 수 있다. 이러한 평가 기준은 학술지의 신뢰성과 학문적 기여도를 담보하기 위한 최소한의 장치인 셈이다.

AI 도구는 연구자에게 학술 논문 작성을 위한 유용한 협업 도구이자, 심사자와 평가자에게는 시간을 절감하면서도 정교한 평가를 가능하게 하는 보조 수단으로 점점 자리 잡고 있다. 그러나 어디까지나 보조의 역할에 국한되어야 하며, 최종 판단과 윤리적 검토는 심사자와 평가자가 맡아야 한다. 연구자는 자신의 연구 목적과 이론적 배경을 바탕으로 논문을 설계하고, 심사자와 평가자는 객관적 기준에 따라 이를 평가하며 AI 도구의 활용 여부를 넘어서 논문의 본질적 가치와 기여도를 판단해야 한다. 연구자와 심사위원 모두 AI 도구를 자기 역할에 맞게 활용하고 상호 검토 체계를 갖춘다면, 더욱 가치 있고 신뢰받는 학술 생태계로 나아갈 수 있을 것이다.

참고문헌

논준모연구소(2025). 논문작성에 AI가 어디까지 들어와 있나. YouTube. https://youtu.be/_eVoJPF_5NE?si=Gi6D5fM1Iyrp16SK

외과의사 이준서(2024). AI 이용해서 빠르게 논문쓰기. YouTube. https://www.youtube.com/watch?v=fPUCOWGZO0c

지디넷코리아(2025.3.10). AI가 논문 심사까지?… 8시간 걸리던 작업, 30분에 끝낸다. https://zdnet.co.kr/view/?no=20250310084118

10
AI, 윤리적 균형점 찾기

AI 기술의 발전은 학술 논문의 작성 방식에 큰 변화를 가져왔지만, 그만큼 윤리적 책임도 강화되고 있다. 연구자는 AI를 보조 도구로 활용하되, 창의성과 진실성, 정확성, 출처 명시 등 학술 윤리를 철저히 지켜야 한다. AI 활용 원칙과 도구에 대한 이해와 투명한 사용이 연구 신뢰성을 결정짓는 핵심 요소다.

종교와 AI?

학술적 윤리

학술 논문은 단순한 지식 전달이 아닌 학문 공동체 내에서 신뢰를 바탕으로 구축되는 연구 결과물이다. 따라서 연구자들은 학술 논문을 작성할 때 창의성만큼이나 학술적 윤리를 철저히 지켜야 한다. 최근 AI 기술의 발달로 학술 논문 작성과 연구 활동이 보다 효율적으로 이루어질 수 있는 환경이 마련되었지만, 동시에 데이터 위조, 표절, 데이터 조작, 연구 결과의 왜곡 등 다양한 윤리적 위반 사례가 함께 우려되고 있다.

연구 윤리를 지키기 위한 핵심 항목은 다음과 같다. 첫째, 연구자는 연구의 진실성을 유지하며 어떠한 경우에도 데이터를 조작하거나 왜곡해서는 안 된다. 둘째, 이해 충돌이 있는 경우 이를 명확히 밝혀야 하며, 셋째, 연구비는 목적에 맞게 정직하게 사용해야 한다.

또한 데이터의 신뢰성 유지, 표절 방지, 정당한 저자 자격 부여, 연구 결과의 왜곡 금지, 중복 및 과잉 출판 금지 역시 연구 윤리에서 매우 중요한 기준이다. 교육부는 2022년 개정한 「연구윤리 확보를 위한 지침」에서 위조, 변조, 표절, 부당한 저자 표시, 부당한 중복 게재, 조사 방해 행위 등 7가지 연구 부정 행위 유형을 명확히 제시하고, 이에 대한 판단 기준 또한 학문적 관행과 윤리적 책임을 종합적으로 고려하도록 하고 있다. 특히, 다른 연구자의 아이디어나 자료를 활용할 때는 반드시 출처를 명시하고 직접 또는 간접 인용 방식을 명확히 구분해야 한다. 연구하는 과정에서 기여가 없는 사람을 명목상 저자로 포함하거나 실질적으로 연구에 기여한 자를 배제하는 저자 윤리 위반도 중대한 부정 행위로 간주된다.

AI 도구의 보급으로 연구 분야에 접근성이 높아지고 학술적 생산성이 향상되고 있음은 분명하지만, 그만큼 연구 윤리에 대한 자각과 실천이 더욱 절실해지고 있다. 연구자가 수행하는 모든 행위는 학문 공동체의 신뢰를 기반으로 평가받는다. 따라서 학술 논문의 각 문장, 각 수치, 각 인용은 그 자체로 윤리적 검토를 거친 결과물이어야 한다. 연구 윤리는 단지 행정 절차가 아니라, 학자의 양심을 지키고 학문 생태계를 건강하게 유지하는 핵심 기제다. 이로써 연구자는 늘 질문해야 한다. "이 연구가 진실에 기반하고 있는가?", "내가 따르고 있는 기준은 공정한가?" 이러한 성찰이 반복될 때, 우리는 비로소 연구에 대한 신뢰받는 지식 생산자로 성장할 수 있다.

AI 시대, 학술 논문 윤리

인공지능의 발전은 연구 분야와 학술 논문 작성 방식에까지 큰 영향을 미치고 있다. 과거에는 오직 연구자의 지적 활동과 창의성에 기반을 두고 학술 논문이 작성되었다면, 오늘날에는 AI가 문헌 탐색, 초안 작성, 분석 설계 등 연구의 여러 단계에 활용되고 있다. 이에 따라 연구자들이 AI를 활용하면서도 학문적 신뢰성과 윤리성을 유지할 수 있도록, 명확한 학술적 윤리 기준이 절실하게 요구되고 있다. 특히 AI가 문장 생성, 논리 전개, 자료 요약 등의 영역에서 단순한 보조 도구 이상으로 실제 작성 행위에 개입하고 있는 현실에서, 'AI 시대의 논문 윤리'는 더 이상 선택이 아닌 필수의 영역으로 자리잡고 있다.

AI 윤리에 대한 논의는 기업 영역에서 이미 활발히 이루어지고 있다. 허유선(2024)에 따르면, 카카오는 2018년 '알고리즘 윤리 헌장'을 처음 마련했고, 네이버는 2021년 '네이버 AI 윤리 준칙'을, LG는 2022년 'AI 윤리 원칙'을 각각 제정했다. 이는 AI의 상용화와 산업적 활용에 따른 사회적 책임을 강조한 것으로, AI 기술의 투명성과 공정성을 확보하기 위한 노력이 반영된 사례다. 이러한 기업의 사례는 학술 분야에도 시사하는 바가 크다. AI

도구가 학술 논문 작성에 활용되고 있는 만큼, 학술적 맥락에서의 AI 윤리도 구체적이고 체계적으로 정립되어야 한다는 공감대가 형성되고 있다.

변순용 · 이영희(2020)는 AI 윤리 가이드라인의 필요성을 강조하며 각국의 윤리 기준을 소개했다. 유럽은 '인간의 존엄성 존중(내재적 가치), 개인의 자유성(자유로운 결정권), 민주주의와 법의 존중, 평등 그리고 비차별과 연대, 시민의 권리'를 윤리 기준으로 삼는다. 중국은 '조화와 우호(오용 · 남용 금지), 공정성과 정의(편견과 차별성 제거), 사생활 보호, 안전성과 제어 가능성' 등을 중심에 둔다. 한국 역시 '인간 존엄성 보호, 공공선 추구, 인간 행복 실현'을 기본 원칙으로 하고, 실천적 원칙으로는 '투명성, 제어 가능성, 책무성, 안전성, 정보보호'를 제시하고 있다. 이러한 윤리 원칙은 비단 기술 사용에 국한되지 않으며, 연구자가 학술 논문 작성에서 AI를 사용할 때도 준수해야 할 학문적 기준으로 확장되어야 한다.

AI가 학술 연구에 접목되면서, 연구자의 책임은 단순히 연구 수행에 그치지 않고 기술 사용의 윤리까지 포함되고 있다. 기업이 앞장서서 AI 윤리를 선언하고 있는 것처럼, 학술 연구자 역시 연구 과정 전반에 걸쳐 AI 도구의 적절한 사용과 그에 따른 윤리적 책임을 인식하고 실천해야 한다.

특히, 생성형 AI의 사용은 연구 결과물의 신뢰성, 저작권 문제, 데이터 편향성과 같은 다양한 윤리 이슈를 동반하고 있다. 이에 연구자는 AI의 활용 가능성과 한계를 정확히 이해하고 이를 투명하게 표기할 의무가 있다. 향후 학술 기관과 학회는 AI 윤리 기준을 학술 논문 작성 가이드라인에 통합하고, 연구자들이 AI를 연구에 책임감 있게 활용할 수 있도록 윤리 교육 및 가이드 제공, 제도적 장치를 마련하는 것이 시급해졌다.

AI 시대의 학술 연구 윤리는 단순히 기술 활용의 편리함을 넘어, 연구자의 창의성과 책임을 중심에 두고 정립되어야 한다. AI 도구는 학술 논문 작성, 자료 수집, 요약 등 다양한 단계에서 연구 생산성을 높이는 데 기여할 수 있지만, 그 과정에서 발생할 수 있는 편향된 데이터 사용, 개인정보 유출, 정확성 문제 등 윤리적 위험도 함께 고려해야 한다. 따라서 AI는 연구하는 과정에서의 보조 도구로서 활용하되, 결과물에 대한 최종 판단과 책임은 연구자에게 있다는 인식이 중요하다.

학술 논문 윤리를 지키는 AI 활용법

AI 기술의 발달은 학술 연구의 현장에도 깊숙이 자리 잡으며, 학술 논문 작성 과정의 생산성과 효율성을 비약적으로 향상시켰다. 특히 생성형 AI는 초안 작성, 문법 교정, 인용 처리, 문헌 요약 등 다양한 연구 활동을 보조하며 연구자에게 새로운 가능성을 제공하고 있다. 그러나 이러한 편리함 이면에는 투명하지 않은 사용, 결과물에 대한 무비판적 수용, 표절 및 사실 왜곡 등 윤리적 문제가 함께 제기되고 있다. 실제로 연구자의 검토 없이 AI가 생성한 문장을 그대로 반영하거나, 출처를 명확히 밝히지 않는 경우 심각한 연구 부정 행위로 간주될 수 있다. 이처럼 기술적 진보가 연구 윤리를 위협하는 상황 속에서, 학술 논문 작성자는 윤리적 AI 활용 원칙을 분명히 세우고, 도구 사용에 대한 명확한 가이드라인을 숙지할 필요가 있다.

AI 활용 시에는 몇 가지 핵심 원칙을 지켜야 한다. 첫째, AI 사용 여부와 목적을 논문 내 연구 방법론에서 명시적으로 기술해야 한다. 둘째, AI를 도우미로만 활용하며 연구의 주체는 연구자 자신임을 잊지 말아야 한다. 생성된 문장을 비판적으로 검토하고 핵심 주장과 해석은 반드시 직접 작성해야 한다. 셋째, 인용 및 데이터의 출처는 AI가 제시한 내용을 맹신하지 말고 원문을 반드시 확인해야 한다. 넷째, 개인정보나 민감한 데이터를 AI에 입력하는 것은 데이터 유출 위험이 있어 금물이며, 각 도구의 데이터 보호 정책을 사전 검토해야 한다.

이러한 윤리적 원칙을 실천하기 위해서 활용할 수 있는 AI 도구는 다양하다. SCISPACE는 논문 검색 및 요약, Elicit는 문헌 탐색, Zotero는 인용 정리, Turnitin은 표절 검사에 유용하다. 또한 ChatGPT, Claude, Quillbot, Wordvice AI 등은 초안 작성과 문장 다듬기에 활용되며, Scite.AI는 인용의 신뢰성을 검증하는 데 도움을 준다. 모든 AI 도구는 투명하게 사용하며, 생성 결과물은 반드시 사실 검증과 표절 검사를 병행해야 한다.

AI는 학술 연구에서 강력한 생산성 도구이지만, 연구의 주체가 될 수 없다. 연구자는 AI를 통해 얻은 도움을 기반으로 창의적 사고와 해석을 더해야 하며, 생성 결과물에 대한 철저한 검토와 교차 확인을 통해 연구의 독창성과 윤리성을 지켜야 한다. 특히 AI 활용 여부를 투명하게 밝히는 것은 단순한 정보 공개를 넘어 연구에 대한 책임을 선언하는 윤리적 태도다. AI 기술이 아무리 진보하더라도, 그 도구를 어떻게 활용하느냐에 따라 연구의 질과 신뢰성은 극명하게 달라질 수 있다. 결국 학술 논문에서 AI를 올바르게 활용하는 일은 기술을 넘어선 연구자의 책임이며, 윤리적 원칙을 실천할 수 있는 성찰적 자세가 AI 시대 연구자의 핵심 역량으로 자리 잡아야 한다.

참고문헌

교육부(2022.2.7). 연구윤리 확보를 위한 지침_개정안 행정예고.
변순용·이영희(2020). 《인공지능 윤리하다》. 어문학사.
허유선(2024). 《인공지능 윤리를 부탁해》. 나무야.
ChatGPT. https://chat.openai.com
Claude. https://claude.ai
Elicit. https://elicit.org
Quillbot. https://quillbot.com/
SciSpace. https://scispace.com
Scite.AI. https://scite.ai/
Turnitin. https://www.turnitin.com
Wordvice AI. https://wordvice.ai/
Zotero. https://www.zotero.org

이채현

앨리스 컨설팅 대표이자 숭실대학교 겸임교수다. 중앙대학교 글로벌인적자원개발대학원에서 인적자원개발학 석사학위와 숭실대학교 경영학 박사학위를 취득한 후 사회과학 분야의 석사·박사 과정 학위 논문 및 학술 논문 코칭을 하고 있으며 외부 논문 심사위원으로 활동 및 AI와 비즈니스 인텔리전스(BI)에 대해 연구를 하고 있다. 주요 저서로 《어서와! 논문은 처음이지(논문작성 가이드, 고급통계분석)》(2023)가 있다. "메타버스 아바타 커스터마이징의 체험가치, 감성지능, 창의적 사고가 자기효능감에 미치는 영향에 관한 연구"(2025), "The Effect of Omnichannel Services on Customer Loyalty"(2025) 등 10여 편의 학술 논문을 주저자, 공저자, 교신저자로 등재학술지에 게재했다.